ספר
עֵץ חַיִּים
לרבינו
חיים ויטאל זַ"ל
שֶׁקִיבֵּל ממרן האר"י זלה"ה
שַׁעַר עֲגוּלִים וְיוּשֶׁר
שַׁעַר א' עֲנַף ה'
די"ג ע"ג – דט"ו ע"ב
תשע"פ
SimchatChaim.com
בהוצאת
שִׂמְחַת חַיִּים

בס"ד

הקדמה

ירפא **ה**מאציל **ו**יושיע **ה**בורא את כל חולי בני ישראל, וישלח להם רפואה שלימה, רפואת הנפש ורפואת הגוף, בכל אבריהם ובכל גידיהם לעבודתו יתברך.

בי"ב במנחם אב תשס"ה, הובהלתי לבית החולים, הרופאים לא נתנו לי סיכוי לחיות יותר מכמה שעות בגלל מספר תסבוכות. עם כל זאת בזכות התפילות של בני ישראל הקדושים, ברחמיו הרבים, ריחם עלי הקדוש ברוך הוא, ונשארתי בחיים.

עם כל זאת, הובחנה אצלי מחלה קשה בכליות, ונאמר לי שהצטרך למכונת דיאליזה. בשבילי זה היה שוק!!! אף פעם לא הייתי אצל רופא, או בבית חולים. כך בעל כרחי התחברתי למכונת דיאליזה, ומכונה זאת הייתה[1] קשורה בי ככלב במשך שמונים חודשים בדיוק, כמניין **יסוד**, במשך 12-10 שעות ביום.

בשבת פרשת **ויחי יעקב** י"ב טבת תשע"ב, בזכות בני ישראל, שכולם אהובים כולם ברורים כולם גיבורים כולם קדושים... וכולם פותחים את פיהם באהבה שלוש פעמים ביום, ואומרים - **ברוך אתה... רופא חולי עמו ישראל**, וכללותם כל האברכים, תלמידי הישיבות, רבנים וחכמים, חסידים, מקובלים עם תינוקות של בית רבן, זקנים עם נערים, בחורים וגם בתולות, בארץ הקודש ובעולם. ומצד שני בנות ישראל היקרות מפז, שהתפללו וקבלו עליהם כל מיני קבלות, מהפרשת חלה עד צניעות וכיסוי הראש, עם הרבנים, המנהלים, המורים, המורות **והתלמידות של בית יעקב דטורונטו** שכל יום התפללו, וכללו בתפילתם שבקעה את כל הרקיעים אותי, ונושעתי אני הקטן. הושתלה בי כליה. והתנתקתי ממכונת הדיאליזה.

אמר המלך דוד - לולי[2] תורתך שעשעי אז אבדתי בעניי. מה שנתן לי חיות היא התורה הקדושה, בשעות הרבות שהיתי מחובר למכונת הדיאליזה (כ12 שעות ביום), ערכתי סדרתי וכתבתי במחשב את קונטרסים שלמדתי במשך שנים. וקונטרסים אלו הפכו לחיבור, ואחרי התלבטויות ובקשות מבני גילי, החלטתי בעזרתו יתברך להדפיס קונטרסים אלו.

ידוע הוא כי כל דברי האר"י זלל"ה ותלמידיו נאמן ביתו, רבינו חיים ויטאל הם סתומים וחתומים באלפי שרשראות ומנעולים, והרב ז"ל גלה טפח וכיסה אלפים אמה, וכלל דבריהם הוא משלים, עם כל זאת העוסק במשל פועל בעלמות העליונים בנמשל. לכן צריך זהירות גדולה לא להגשים את המשלים, בסוד המבואר בספר הזוהר הקדוש - **ועלייהו אתמר** ועליהם נאמר - **ארור האיש אשר יעשה פסל ומסכה וגומר, ושם בסתר, מאי בסתר** מהו בסתר - **בסתרו דעלמא** בסתר העולם. **ובגין דא אמר קודשא בריך הוא לא תעשון אתי** ומפני זה אמר הקדוש ברוך הוא לא תעשון אתי אלה"י כסף ואלה"י זהב, **והכי אוקמוה חבריא לא תעשון אתי כדמות שמשי שמשמשין אותי** וכך העמידוהו החברים החברים לא תעשון אתי כדמות שמשי שמשמשים אותי במרום, **לצייר בסתר דילי שום ציור או דמיון** לצייר בסתר שלי שום ציור או דמיון, **דכל מאן דצייר לעיל לקודשא בריך הוא** שכל מי שמצייר למעלה לקדוש ברוך הוא, **בסתר** (דאיהי שכינתיה, כלילא מעשר ספיראן** שהיא שכינתו, כלולה מעשר ספירות), **שום ציור, וצלם, ודמות, כגוונא דמצייירין בשמשין דיליה** שמציירים בשמשים שלו, **נשמתיה אתלבשא בההוא צלמא** נשמתו מתלבשת באותו צלם....

---

[1]

גמרא סוטה ד"ג ע"ב – רבי אלעזר אומר, **קשורה בו ככלב**, שנאמר - ולא שמע אליה לשכב אצלה להיות. עמה לשכב אצלה בעולם הזה. להיות עמה לעולם הבא.

[2]

תהלים קי"ט צ"ב

וכן הוא בסוף ענף ד' דשער ד' בספר עץ חיים שער ההקדמות, וז"ל הטהור - ואמנם דבר גלוי הוא כי אין למעלה גוף ולא כח גוף חלילה. וכל הדמיונות והציורים אלו לא מפני שהם כך חס ושלום. אמנם **לשכך את האוזן** לכשיוכל האדם להבין הדברים העליונים, הרוחניים, בלתי נתפסים, ונרשמים בשכל האנושי. לכן ניתן רשות לדבר בבחינת ציורים ודמיונים, כאשר הוא פשוט בכל ספרי הזוהר. וגם בפסוקי התורה עצמה כולם כאחד עונים ואומרים בדבר הזה, כמו שאמר הכתוב עיני הוי"ה המה משוטטים בכל הארץ. עיני הוי"ה אל צדיקים. וישמע הוי"ה. וירא הוי"ה. וידבר הוי"ה. וכאלה רבות. וגדולה מכולם מה שאמר הכתוב - ויברא אלהי"ם את האדם בצלמו בצלם אלהי"ם ברא אותו זכר ונקבה וגו'. **ואם התורה עצמה דברה כך** גם אנחנו נוכל לדבר כלשון הזה, עם היות שפשוט הוא שאין שם למעלה אלא אורות דקים בתכלית הרוחניות, בלתי נתפשים שם כלל, וכמו שאמר הכתוב - כי לא ראיתם כל תמונה, וכאלה רבות. ואמנם יש עוד דרך אחרת כדי להמשיך ולצייר בה הדברים העליונים, והם בחינת כתיבת צורת אותיות, כי כל אות ואות מורה על אור פרטי עליון, וגם תמונת זו דבר פשוט הוא כי אין למעלה לא אות ולא נקודה, **וגם זה דרך משל וציור לשכך את האוזן** כנזכר.....

ולכן כל המבואר כאן בחיבור זה הוא כדי **לשכך את האוזן**. והתרשימים שבסוף החיבור הם כדי **לשבר את העין**, לכן אין שום ביאור והסבר שלם, ואין שום תרשים שלם בתכלית השלמות.

ידוע כי[3] דברי תורה עניים במקומן ועשירים במקום אחר, **ועל אחת כמה וכמה** בדברי הרב ז"ל, שכל סוגיה חסרה[4] במקומה, וחלקיה מפוזרים במקומות אחרים. **זאת ועוד** הרב ז"ל מערבב בדרוש אחד כמה וכמה סוגיות, כאשר בפשטות דבריו נראה שכל הדרוש הוא דרוש אחד, ולא מחולק לסוגיות שונות, ושמועות שונות, **ביאור** דברי הרב ז"ל כאן הם **בעומק, והוא בעצם ליקוט** עד איפה שידי הקצרה הגיעה, מכל חלקי ספר עץ חיים, ושמונה השערים המצוינים לרב ז"ל, מבוא שערים ושאר ספרי הרב ז"ל, והוא גם על פי הקדמת רחובות הנהר למרן הרש"ש, דרושי פנימיות וחיצוניות, דרוש הדעת, סוגיות ערכין, סוגיות דכללות והתכללות, פרטות וכללות, וסוגיות עובי ואורך, ועל פי ביאור גדולי רבותינו חכמי המקובלים לדורותם זלה"ה זי"ע.

ידוע כי[5] אין בר בלי תבן, כך אין ספר בלי טעויות, ועוד יודע אני כי דל ועני אני, **ואין**[6] **עני אלא בדעה**. לכן מבקש אני בכל לשון של בקשה אם יש לכל אחד שאלות, הערות, הארות, תיקונים, נא לשלוח ל - <u>book@simchatchaim.com</u> והשתדל לענות, ולתקן את הצריך תיקון.

בברכה והצלחה בלימוד התורה הקדושה

ובעיקר בפנימיות התורה, תורת האר"י הח"י.

ורפואה שלימה לכל חולי ישראל.

אח"י

---

[3] **גמרא ירושלמי, ראש השנה פ"ג הלכה ה' די"ז ע"א** – דברי תורה עניים במקומן, ועשירים במקום אחר.

[4] **תורת חכם דע"ב ע"ב** – חסר לשון הוא, כמו שיראה המעיין.

[5] **גמרא ברכות נ"ה א'** - מה לתבן את הבר נאם ה', וכי מה ענין בר ותבן אצל חלום, אלא אמר ר' יוחנן משום ר' שמעון בן יוחאי ,כשם שאי אפשר לבר בלא תבן, כך אי אפשר לחלום בלא דברים בטלים.

[6] **גמרא נדרים מ"א ע"א** – אין עני אלא בדעה .

<u>ב"ה</u>

<u>הקדמה קצרה לחיוב לימוד תורת הקבלה</u>

ישמחו ה**שמים ו**תגל ה**ארץ** ירעם הים ומלאו. שזכינו בדור שלנו שפנימיות התורה, שהיא היא תורת הקבלה, מתפשטת לכל, וכל מקום בעולם היום לומדים בתורת הח"ן. הדור שלנו יש הרבה התעוררות ללמוד סתרי התורה הקדושה, הנקראת חכמת הקבלה. בירושלים של המאה ה-18 בישיבת **בית אל** היו בקושי מנין של מקובלים, והיום תורת הקבלה מופצת בכל מקום בארץ ובעולם. לעניות דעתי אחת הסיבות העיקריות לשינוי זה הוא רצונם של בני התורה, החוזרים בתשובה ועמך לדעת את סוד החיים, למה ברא הקדוש ברוך הוא את העולם, ואת טעמי המצות, ר"ל אי אפשר היום בדור שלנו, להסביר על פי הפשט את הסיבה מדוע אסור לאכול בשר וחלב, מדוע צריך להניח תפילין, למה לשמור דווקא שבת ולא יום שלישי, אי אפשר להגיד כל הזמן **זאת גזרת הכתוב, כך רוצה הקדוש ברוך הוא**, האנשים מחפשים הסברים למצות, לסיפורי התנ"ך, לגלגולי נשמות, ועוד. ורק על ידי עסק בפנימיות התורה, אדם מסיג את ההסברים לקושיות שיש לו. **זאת ועוד** חיים אנחנו בדור של חומריות, והאנשים מחפשים את רוחניות שבחיים, אז מה עושים, נוסעים למזרח, להודו, סין, תאילנד למצוא רוחניות, ולא יודעים **ששורש כל הרוחניות בעולם נמצאת בתורה הקדושה**, עם כל זאת כאשר הלומד את פשט התורה, **הוא לא מכיר** את הקדוש ברוך הוא, והוא בלי יראת שמים ושמחה אמתית. כותב הרב המקובל האלוה"י רבינו יהודה פתייה בפרושו הנפלא על עץ חיים - כי לימוד עץ חיים הוא עמוק מאד מאד, כי הוא **מים שאין להם סוף**, והוא קשה מאד גם לחכמים ההוגים בו תמיד, וכל שכן למתחילים. כי הוא חזק מצור, וקשה מברזל, שאי אפשר לחצוב ממנו מאומה, אם לא על ידי כלי מחצב חזקים כציפורן שמיר. וכל המתחיל בלימוד עץ חיים, אם לא יהיה לו רב, או לפחות איזה מפרש המפרש לו כוונת הפרק ההוא לפי פשוטו, נבול יבול, ואינו יכול לעמוד על הפרק כי אם לאחר יגיעה רבה, ושקידה עצומה, וכולי האי ואולי. כי הרבה פעמים יסבור המעיין שהבין הענין ההוא כראוי, ואחר שילמוד עוד איזה פרקים אחרים, ירגיש כעצמו שלא הבין את פרקים הקודמים, והניסיון יעיד על זה, עד כאן דברי קודשו. עם כל זאת חייב כל אדם לעסוק בתורת החיים.

צדיק אתה הוי"ה וישר משפטיך. כתב הרב רבינו חיים ויטאל ז"ל בהקדמה לשער ההקדמות - והנה מה שכתבנו בתחילת דבריו, ואפילו כל אינון דמשתדלי באורייתא כל חסד דעבדי לגרמייהו וכו', עם היות שפשטו מבואר ובפרט בזמנינו זה, בעוונותינו היום אשר התורה נעשית קרדום לחתוך בה אצל קצת בעלי תורה, אשר עסקם בתורה על מנת לקבל פרס, והספקות יתירות, וגם להיותם מכלל ראשי ישיבות, ודיני סנהדראות, להיות שמם וריחם נודף בכל הארץ, **ודומים במעשיהם לאנשי דור הפלגה הבונים מגדל וראשו בשמים**, ועיקר סיבת מעשיהם היא מה שאמר אחר כך הכתוב - **ונעשה לנו שם**... והנה על הכת הזאת אמרו בגמרא כל העוסק בתורה שלא לשמה, נוח לו שנהפכה שליתו על פניו, ולא יצא לאויר העולם. ואמנם האנשים האלה מראים תימה וענוה באמרם כי כל עסקם בתורה הוא לשמה. והנה החכם הגדול התנא רבי מאיר ע"ה העיד עליהם שלא כך הוא, באומרו לשון כללות - כל העוסק בתורה לשמה זוכה לדברים הרבה וכו', **ומגלים לו רזי תורה, ונעשה כנהר שאינו פוסק**, והולך

וכמעיין המתגבר מאליו, בלתי הצטרכו לטרוח ולעיין בה, ולהוציא טיפין טיפין של מימי התורה מן הסלע, הנה זה יורה שאינו עוסק בתורה לשמה כהלכתה, ומי זה האיש אשר לא יזלו עיניו דמעות בראותו המשנה הזאת, **ורואה חסרונו ופחיתותו**, עד כאן לשונו. לכן כל אחד צריך לטעום מעץ החיים.

חצות לילה אקום להודות לך על משפטי צדקך. כתב רבינו אליהו מני זצ"ל רבו של הרי"ח הטוב, בספרו הקדוש כסא אליהו שער ד' וז"ל - ואם זיכך הוי"ה ללמוד בחכמת האמת, הנה עצה היעוצה היא שכל סדר הלימוד בנגלה תתנהג בו ביום דווקא. **אבל בלילה תלמוד בחכמת האמת, והעיקר הלימוד אחר חצות**, כי זה הלימוד צריך ישוב דעת הרבה, וכשיקרוץ האדם אז דעתו מיושבת עליו יותר. גם גה הלימוד צריך הסתר והצנע, **וכל דבר שיהיה בלילה ובפרט אחר חצות יהיה נסתר יותר מן היום**. ותעשה ועד עם החברים בבית המדרש אם הוא צנוע, **או בביתך ותלמדו בכל לילה**, עד כאן לשונו. וישב האדם ללמוד בלילה תחת עץ החיים.

קראתי בכל לב ענני הוי"ה חקיק אצרה.[7] בהקדמה לשער ההקדמות מבאר הרב ז"ל - ואמנם אל יאמר אדם אלכה לי ואעסוק בחכמת הקבלה, מקודם שיעסוק בתורה במשנה ובתלמוד, כי כבר אמרו רבינו ז"ל - אל יכנס אדם לפרדס **אלא אם כן מלא כריסו בבשר וייין**, והרי זה דומה לנשמה בלתי גוף, שאין לה שכר ומעשה וחשבון, עד היותה מתקשרת בתוך הגוף, בהיותו שלם מתוקן במצות התורה בתרי"ג מצות. **וכן בהפך** בהיותו עוסק בחכמת המשנה והתלמוד בבלי, ולא ייתן חלק גם אל סודות התורה וסתריה, כי **הרי זה דומה לגוף היושב בחושך**, בלתי נשמת אדם נר הוי"ה המאירה בתוכה, **באופן שהגוף יבש בלתי שואף ממקור חיים**, אשר זהו ענין אומרו במקום אחר ההוא הנזכר לעיל וז"ל - דאילין אינון דעבדי לאורייתא יבשה, ולא בעאן לאשתדלא בחכמת הקבלה וכו'. באופן כי התלמידי חכמים העוסקים בתורה לשמה, ולא לשמו, לעשות לו שם. צריך שיעסוק בתחילה בחכמת המקרא, והמשנה, והתלמוד, כפי מה שיוכל שכלו לסבול. ואחר כך יעסוק לדעת את קונו בחכמת האמת, וכמו שציוה דוד המלך ע"ה את שלמה בנו - דע את אלה"י אביך ועבדהו. ואם האיש הזה יהיה כבד וקשה בענין העיון בתלמוד, מוטב לו שיניח את ידו ממנו, אחר שבכן מזלו בחכמה זאת, ויעסוק בחכמת האמת. וזה שמבואר כל תלמיד חכם שאינו רואה סימן יפה בתלמוד בחמשה שנים, שוב אינו רואה, עד כאן דברי קודשו. ומזה כל אחד ואחד חייב להדבק במקור החיים.

חסדך הוי"ה מלאה הארץ חקיך למדני. בשער הגלגולים, בקדמה ט"ז כתב הרב ז"ל - עוד צריך שתדע, כי האדם צריך לקיים כל התרי"ג מצות, במעשה, ובדבור, ובמחשבה. וכמו שאמרו ז"ל על פסוק - זאת התורה לעולה ולמנחה וכו', כל העוסק בפרשת עולה, כאלו הקריב עולה וכו'. וכוונו בזה שהאדם מחוייב לקיים כל התרי"ג מצות בדבור, וכן על דרך זה במחשבה. ואם לא קיים כל התרי"ג בשלשה בחינות הנזכרות, מחוייב להתגלגל עד שישלים אותם. **עוד דע**, כי האדם מחויב לעסוק בתורה בארבעה מדרגות, **שסימנם פרד"ס**, והם, פשט, רמז, דרוש, סוד וצריך שיתגלגל עד שישלים אותם. ובהקדמה י"ז כותב הרב ז"ל, וז"ל - שהאדם **מחוייב לעסוק בתורה בארבעה מדרגות שבה**, והיא זאת, דע, כי כללות כל הנשמות

---

⁷

ע"ח ד"א ע"ד.

הם ששים רבוא ולא יותר. והנה התורה היא שרש נשמות ישראל, כי ממנה חוצבו, ובה נשרשו. ולכן יש בתורה ששים רבוא פירושים, וכלם כפי הפשט. וששים רבוא ברמז. וששים רבוא בדרש. **וששים רבוא בסוד.** ונמצא, כי מכל פירוש מן הששים רבוא פרושים, ממנו נתהווה נשמה אחת של ישראל, ולעתיד לבא כל אחד ואחד מישראל, ישיג לדעת כל התורה כפי אותו הפירוש המכוון עם שרש נשמתו, אשר על ידי הפרוש ההוא נברא ונתהווה כנזכר. וכן בגן עדן אחר פטירת האדם, ישיג כל זה. וכן בכל לילה כאשר האדם ישן, ומפקיד נשמתו ויוצאה ועולה למעלה, הנה מי שזוכה לעלות למעלה, מלמדים לו שם אותו הפירוש, שבו תלוי שרש נשמתו. ואמנם הכל כפי מעשיו ביום ההוא, כך באותה הלילה ילמדוהו, פסוק אחד, או פרשה פלונית, כי אז מאיר בו יותר פסוק ההוא משאר הימים. ובלילה האחרת יאיר בנשמתו פסוק אחר, כפי מעשיו של אותו היום, וכולם על דרך הפירוש ההוא אשר תלויה בו שרש נשמתו כנזכר, עד כאן דברי קודשו. ור"ל שכל יהודי ויהודי חייב להשיג את שורש נשמתו, וללמוד את סוד החיים.

יבאוני רחמיך ואחיה כי תורתך שעשעי. מבואר במדרש משלי - אמר רבי ישמעאל, בוא וראה כמה קשה יום הדין שעתיד הקדוש ברוך הוא לדון את כל העולם כולו בעמק יהושפט. בזמן שתלמידי חכמים באים לפניו, אומר לכל אחד מהם - כלום עסקת בתורה, אמר לו הן, אומר לו הקדוש ברוך הוא הואיל והודית, אמור לפני מה שקרית, ומה ששנית בישיבה, ומה ששמעת בישיבה. מכאן אמרו - כל מה שקרא אדם יהא תפוש בידו, ומה ששנה כמו כן, שלא תשיגהו בושה ליום הדין. מכאן היה רבי ישמעאל אומר - אוי הלה לאותה בושה, אוי לה לאותה כלימה, ועל זה ביקש דוד מלך ישראל בתפילה ובתחנונים לפני המקום ואמר - הוי"ה בוקר תשמע קולי בוקר אערך לך ואצפה. בא לפניו מי שיש בידו מקרא ואין בידו משנה, הקדוש ברוך הוא הופך את פניו ממנו, ושרי גיהנם מתגברים בו כזאבי ערב, ונוטלין אותו ומשליכין אותו לתוכה. בא לפניו מי שיש בידו שני סדרים או שלושה, אז הקדוש ברוך הוא אומר לו - בני, כל ההלכות למה לא שנית אותם, ואם אומר הקדוש ברוך הוא הניחהו, מוטב, ואם לאו עושין לו כמידת הראשון. בא לפניו מי שיש בידו הלכות, הקדוש ברוך הוא אומר לו - בני, תורת כהנים למה לא שנית, שיש בה טומאה וטהרה, וטומאת שרצים וטהרת שרצים, טומאת נגעים וטהרת נגעים, טומאת נתקים וטהרת נתקים ובתים, טומאת זבים ולידה וטהרת זבים ולידה, טומאת מצורע וטהרתו, סדר וווידוי יום הכיפורים, וגזירות שוות, ודיני ערכים, וכל דין שדנו ישראל לא דנו אלא אלא מתוכו. בא לפניו מי שיש בידו תורת כהנים, אומר לו הקדוש ברוך הוא - בני, חמישה חומשי תורה למה לא שנית, שיש בהם קריאת שמע, ותפילין, ומזוזה. בא לפניו מי שיש בידו חמישה חומשי תורה, אומר לו - בני, למה לא למדת הגדה, ולא שנית, שבשעה שחכם יושב ודורש, אני מוחל ומכפר עוונותיהם של ישראל, ולא עוד אלא בשעה שעונין אמן יהא שמיה רבה מברך, אפילו נחתם גזר דינם אני מוחל ומכפר להם עוונותיהם. בא לפניו מי שיש בידו הגדה, אומר לו הקדוש ברוך הוא - בני, תלמוד למה לא שנית, שנאמר - כל הנחלים הולכים אל הים והים איננו מלא, זה התלמוד, שיש בו חכמות הרבה. בא מי שיש בידו תלמוד, הקדוש ברוך הוא אומר לו - בני, הואיל ונתעסקת בתלמוד, **צפית במרכבה, צפית בגאוה,** שאין הנייה בעולמי, אלא בשעה שתלמידי חכמים יושבים ועוסקים בתורה, מציצין ומביטין ורואין והוגין המון התלמוד הזה - **כסא כבודי היאך הוא עומד. רגל הראשונה במה היא משמשת, שנייה במה היא משמשת, שלישית במה היא משמשת, רביעית במה היא משמשת, חשמל היאך הוא עומד, ובכמה פנים הוא מתהפך בשעה**

אחת, לאי זה רוח הוא משמש, הברק היאך הוא עומד, כמה פנים של זוהר נראין בין כתפיו, לאיזה רוח משמש, כרוב היאך הוא עומד, לאי זה רוח הוא משמש. גדולה מכולם עיון כיסא הכבוד, היאך הוא עומד, עגול הוא כמין מלבן, ומתוקן הוא, כמה גשרים יש בו, כמה הפסק בין גשר לגשר, וכשאני עובר באיזה גשר אני עובר, ובאי זה גשר האופנים עוברים, ובאיזה גשר הגלגלים עוברים. גדולה מכולם מצפורני ועד קודקודי, היאך אני עומד, כמה שיעור בפיסת ידי, וכמה שיעור אצבעות רגלי. גדולה מכולם כיסא כבודי, היאך הוא עומד, לאיזה רוח הוא משמש, באחד בשבת לאיזה רוח הוא משמש, בשני בשבת לאיזה רוח הוא משמש, בשלישי בשבת לאיזה רוח הוא משמש, ברביעי בשבת, בחמישי בשבת, בשישי בשבת לאיזה רוח משמשין, וכי לא זהו הדרי, זהו גדולתי, זהו הדר יופי, שבניי מכירין את כבודי במידה הזאת. ועליו אמר דוד - מה רבו מעשיך הוי"ה, כולם בחכמה עשית, מלאה הארץ קנייניך. עד כאן לשון המדרש. ממדרש זה לומדים על חובת כל אחד ואחד מישראל את לימוד כל חלקי הפרד"ס, ובעיקר את בחינת הסוד שבתורה, הנקרא[8] מעשה מרכבה, ובמעשה בראשית. ומבאר הרב בית לחם יהודה על השינוי שיש בפסוקים במעמד הר סיני, בפסוק אחד כתוב - ויחן שם **ישראל** תחת ההר. ומספר פסוקים יותר מאוחר כתוב וירא **העם** וינועו מרחק. וידוע כי כאשר כתוב בתורה **ישראל**, מדובר **בבני ישראל**, וכאשר כתוב **העם**, מדובר על **הערב רב**. וז"ל הרב בית לחם יהודה - ובזוהר בהעלותך דף קנ"ב ע"א קרי להעוסקים בחכמת האמת, אינון דהוי קיימי בטורא דסיני. וז"ל - חכמין עבדי דמלכא עלאה אינון דקיימו בטורא דסיני, לא מסתכלי אלא בנשמתא, דאיהי עיקרא דכלא אורייתא ממש וכו'. ונראה בעיני אם מותר, משמע אותן שאינן יודעים סודות התורה לא עמדו על הר סיני, עד כאן לשונו. ונראה לי בביאור כוונתו כי בתחלה כשיצאו ישראל לקראת האלהי"ם, היו מתייצבים בתחתית ההר, ואחר כך נאמר וירא העם וינועו ויעמדו מרחוק, כי היו יראים פן תאכלם האש הגדולה הזאת וימיתו. והיה מקצת מהעם שהיו ששים ושמחים לקראת השכינה, ולא רצו לזוז ממקומם הראשון, ולעמוד מרחוק, אפילו אם ימיתו ממש. ועליהם הוא מה שכתב בזוהר הנזכר - אינון דקיימו בטורא דסיני, כלומר ולא נעו ועמדו מרחוק, אלא עמדו בטורא דסיני מתחלה ועד סוף, ולכן הם זוכים לחכמת האמת. ואותם הנשמות אשר נעו עם העם ועמדו מרחוק, כן הם עושים גם עתה, שנסים ועומדים מרחוק לחכמת האמת מיראתם, פן תאכלם האש הגדולה הזאת. ולכן על כל אחד ואחד מבני ישראל הקדושים מחויב לעמוד תחת עץ **החיים**.

יראיך יראוני וישמחו כי לדברך יחלתי. בספר הזוהר הקדוש מבואר מדוע התפילות של בני ישראל לא נענות, וז"ל תיקוני הזוהר תיקון מ"ג - **בראשית תמן את"ר יב"ש** במלת בראשית יש אותיות את"ר יב"ש, **ודא איהו ונהר יחרב ויבש** היסוד הנקרא נהר יחרב ויבש ממי השפע, ואין לו מה להשפיע למלכות, **בההוא זמנא דאיהו יבש** באותו הזמן שהיסוד הוא יבש, **ואיהי יבשה** המלכות הנקראת יבשה, היא יבשה כי לא מקבלת שפע מהיסוד, אז כאשר **צווחין בנין לתתא** מתפללים וצועקים בני ישראל, **ביחודא ואמרין** וביחוד שאומרים בני ישראל **שמע ישראל** שיבא ז"א הנקרא ישראל להתיחד עם נוקבא בשעת התפילה דעמידה, עם כל זאת **ואין קול** של התפילה או הקריאת שמע שעוזרים לזיווג דזו"ן **ואין עונה** ואין מי שיענה וימלא את הבקשות בתפילתם. **הדא הוא דכתיב** וזהו שכתוב - **אז בני ישראל יקראונני**

גמרא חגיגה די"א ע"ב

בני ישראל בעת צרתם בקריאת שמע ובתפילה, **ולא אענה** ואני לא אענה אותם בתפלתם, מפני שלא לומדים ומתעסקים בפנימיות התורה. **והכי מאן דגרים דאסתלק** וכל שגורם הסלקות פנימיות תורת הקבלה **וחכמתא מאורייתא דבעל פה ומאורייתא דבכתב** מהתורה שבעל פה והתורה שבכתב, **וגרים דלא ישתדלון בהון** וגורמים גם לאחרים שלא יתעסקו וילמדו את חכמת הקבלה, **ואמרין דלא אית אלא פשט באורייתא ובתלמודא** ואומרים שאין בתורה ובתלמוד אלא פשט התורה, בלי פנימיות הסוד, **בודאי כאלו הוא יסלק נביעו מההוא נהר** בודאי נחשב לו כאילו הוא מסתלק את נביעת שפע החכמה והבינה מן היסוד, **ומההוא גן** ומן הנוקבא הנקראת גן, **ווי ליה** לאותו יהודי **טב ליה דלא אתברי בעלמא** טוב לו שלא היה נברא, **ולא יוליף ההיא אורייתא דבכתב ואורייתא דבעל פה** ולא היה לומד תורה שבכתב ותורה שבעל פה, כי דינו כעם הארץ שלא למד כלל, ועוד **דאתחשב ליה כאלו אחזר עלמא לתהו ובהו** שנחשב לו כאילו החזיר את העולם לתהו ובהו, ר"ל לסוד שבירת הכלים לפי שמגביר הקליפות כאשר הנהר והגן יבשים, **וגרים עניותא בעלמא ואורך גלותא** וגורם עניות בעולם ומאריך את הגלות השכינה וביאת המשיח. עד כאן דברי הזוהר הקדוש. וכותב רב חיים ויטאל זלה"ה בהקדמה וז"ל - אמנם שעשועות של הקדוש ברוך הוא בתורה, והיותו בורא בה את העולמו, היתה בהיותו עוסק בתורה בבחינת הנשמה הפנימית שבה, הנקרא - רזי תורה, הנקרא מעשה מרכבה, **היא חכמת הקבלה** כנודע אל היודעים, וטעם הדבר הוא להיותו עולם האצילות העליון מאד, טוב ולא רע, דלא יכיל להתערבא עמיה קליפה, ועליה אתמר - וכבודי לאחר לא אתן, כנזכר בספר התיקונין דף ס"ו תיקון י"ח, וכן בספר הזוהר בפרשת בראשית דף כ"ח ע"א עיין שם. ולכן גם התורה אשר שם]**אח"י** - בעולם האצילות[איננה רק מופשטת מכל לבושי הגופנים, מה שאין כן למטה בעולם היצירה, עולם דמטטרו"ן, הנקרא עבד טוב, והוא הנקרא עץ הדעת טוב מסטרא, ומסטרא דסמא"ל שהוא קליפין דיליה, **נקרא עבד רע**, כי התורה אשר שם, הם שית סדרי משנה **הנקראים שפחה** כנזכר לעיל, וכנזכר בפרשת בראשית שם דף כ"ז ע"א. ולכן נקראת משנה, לפי ששם יש שינויים הפוכים **טוב מסטרא דעבד טוב**, היתר, כשר, טהור. **רע מסטרא דעבד רע**, איסור, טמא, פסול. גם הוא מלשון כי מרדכי היהודי משנה למלך, שהיה שפחה הנקרא עבד מלך, מלך גם נקרא מלשון שינה, כנזכר בפרשת פינחס דף רמ"ד ע"ב - קם זמנא תנינא ואמר, מארי מתניתין נשמתין ורוחין ונפשין דילכון אתערו כען ואעברו שינתא מניכון דאיהו, ודאי משנה אורח פשט, דהאי עלמא ואנא לא אתערנא בכו, אלא ברזין עילאין דעלמא דאתי דאתון בהון, לא ינום ולא ישן. וזה יובן במה שמבואר יותר למעלה שם - **ורבנן דמתניתין ואמוראי, כל תלמודא דלהון על רזין דאורייתא סדרו ליה**. ונמצא כי המשנה והש"ס הם הנקרא גופי תורה. והנה דבריהם כחלום בלי פתרון, **ורזיה וסתריה הפנימים הנקרא נשמת התורה, הם הם פתרון החלום הנפתר בהקיץ**, בסוד - אני ישנה ולבי ער, וכמו[9] שאמרו חכמים ז"ל - **במחשכים הושיבני כמתי עולם, זה תלמוד בבלי**, אשר איננו מאיר אלא על ידי ספר הזוהר, **הם הם רזי תורה וסתריה** אשר עליהם נאמר - ותורה אור. ואין ספק כי כמו שהיוצר נקראת עבד ושפחה בערך האצילות, ונקרא קליפין ולבושין דחול, כנזכר בהקדמת ספר התיקונין ד"ג ע"ב וז"ל - וביומי דחול לביש עשר כתות דמלאכיא דמשמשי לעשר ספירות דבריאה. ואם כן אין לתמוה כי התורה אשר שם שהיא המשנה, תהיה נקרא שפחה וקליפין דתורה דאצילות, וזה סוד כל הבשר חציר הנזכר

9

סנהדרין דכ"ד ע"א.

לעיל במאמר הראשון, כי כמו שהחטה שהיא בגימטריא כמנין כ"ב אותיות התורה, הגנוזה תוך כמה קליפין ולבושין שהם הסובין והמורסן והתבן והקש והעשב, הנקרא חציר, כן המשנה אצל סודות התורה נקרא חציר, וזה נרמז בספר הזוהר פרשת כי תצא ברעיא מהמנא דף רע"ה ע"ב - **אצל רבנן ווי לאינון דאכלין תבן דאורייתא, ולא ידעי בסתרי אורייתא, אלא קלין וחמורין דאורייתא, קלין אינון תבן דאורייתא, וחמורין אינון חטה דאורייתא, ח"ו ט ה' אלנא דטוב ורע וכו'**. ואלו באתי להרחיב דרוש זה לא יספיקו מאה קונטרסין בלי ספק בלי שום גוזמא, האמנם החכם עיניו בראשו כי דברי אמת אני אומר, ואל יתמה האדם בראותו ספר הזוהר איך קורא אל המשנה שפחה וקליפין, כי עסק המשנה כפי פשטיה, **אין ספק שהם לבושין וקליפין חיצונים בתכלית אצל סודות התורה הנגנזים**, ונרמזים בפנימיותה כי כל פשטיה הם בעלם הזה בדברים חומרים תחתונים..... על כן על כל בני ישראל לאכול מעץ החיים.

מה אהבתי תורתך כל היום היא שיחתי. ומבאר הרב ז"ל בהקדמה לשער המצות, כי עסק לימוד פנימיות התורה הוא חלק בלתי נפרד מתלמוד תורה, וז"ל - גם בענין עסק התורה שהיא אחת מרמ"ח מצות עשה, אם לא השלים אותה, **שהוא ענין עסקו בפרד"ס התורה**, שהוא ראשי תיבות **פ**שט **ר**מז **ד**רש **ס**וד, בכל בחינה מהם כפי אשר יוכל להסיג, **עד מקום שידו מגעת**, לטרוח ולעשות לו רב שילמדנו. ואם לא עשה כן, הרי חסר מצוה אחת של תלמוד תורה, שהיא גדולה ושקולה ככל המצות, וצריך **להתגלגל** עד שיטרח הארבעה בחינות של פרד"ס כנזכר. וכן מבאר הרב בית לחם יהודה בהקדמתו הקדושה, וז"ל - ומה מאד נמלצו **[אח"י** - מלשון מליצה] בזה דברי הנביא ירמיה)סימן כ"ב(באומרו - אל תבכו למת וכו'. שהוא מדבר עם הציבור המתקבצים להספיד על איזה צדיק הנפטר רח"ל, על שנחסר צדיק אחד מהדור שהיה מנין בזכותו עליהם. וקאמר להו הנביא אל תבכו וכו', **לפי שרובם של צדיקים אינם זוכים לעסוק בכל ארבעה חלקי הפרד"ס, ואם כן מוכרחים הם לחזור ולבוא בגלגול כדי להשלים לימודם בארבעה חלקים**, כי אפילו הוא עסק בשלוש חלקי הפרד"ס, לא יצא ידי חובתו, ועליו נאמר הן כל אלה יפעל א"ל שלש פעמים עם גבר, להחזירו בגלגול. ואם כן הוא פסידא דהדרא. ואפשר שבו ביום שנפטר הוא חוזר ומתגלגל, כנזכר בזוהר ריש פרשת אמור, יעו"ש. ואם כן אין לכם פסידא כל כך. אמנם בכו בכו להלך, לאותו צדיק שכבר עסק בארבעה חלקי הפרד"ס. כי תיבת להלך היא חסר ו', ואם תחשוב תיבת להלך ארבעה פעמים עם ארבעה הכוללים, שהם כנגד ארבעה חלקי הפרד"ס, הם בגימטריא פרד"ס. **שזה הצדיק לא ישוב עוד וראה את ארץ מולדתו, כי על ארבעה לא אשיבנו.** שזהו פסידא דלא הדרא באמת, ונחסר לגמרי מן העולם הזה, עד כאן לשונו. ולכן חובה על כל אדם לעסוק בכל חלקי הפרד"ס, ובפרט בחלק הסוד, הנקרא פנימיות התורה, כמבואר בזוהר הקדוש כמובא בזוהר הקדוש פרשת נשא דף קכ"ד - **בהאי חבורא דילך דאיהו ספר הזוהר יפקון ביה מן גלותא ברחמי**, בזכות הלימוד בספר הזוהר הקדוש, יצאו בני ישראל מהגלות **ברחמים**. ועוד כל מי שחשקה נפשו ללמוד, אסור למנוע זאת ממנו, בסוד הפסוק[10] - אל תמנע טוב מבעליו, ועל כל אדם להיכנס לפרד"ס החיים.

אשרי האיש אשר לא הלך בעצת רשעים ובדרך חטאים לא עמד ובמושב לצים לא ישב. דע כי

משלי ג' כ"ז – אל תמנע טוב מבעליו בהיות לאל ידך לעשות.

יהיו הרבה אנשים רשעים, שינסו למנוע מבני ישראל הקדושים ללמוד בכללות תורה, ובפרט את תורת הקבלה, מכל מיני סיבות ומניעות, והשטן מדבר מגרונם של אלו הרשעים. ואלו דברי קודשו של בעל שבט מוסר רבינו אליהו הכהן האתמרי זצלה"ה - ובהביטך בן אדם מה שעבר על אחרים למה תרדוף אתה אחר כל אלה הדברים הזרים, להשביע נפש מרורים ולמוסרה ביד צרים המה המקטרגים הצוררים, ולמה לא תחמול על נפשך ועל נועם תבנית צלם גופך למוסרו בידן ולהשליכו בתוך גחלי רתמים בטיט היון של גיהנם, להשחירו ולהתיכו כאשר ניתך הזפת בפני האש, אשר על כן תן עצה אתה בנפשך **לברור בדרך החיים בעסק התורה והמצות,** וגם להצטער עצמך זמן קצוב הם חיי עולם הזה, כדי שתתענג זמן רב בלתי סוף ותכלית, ואל יעלה על דעתך כאשר עלה בדעת הרבה שנאבדו בידם באומרם כיון שמכיר אני בעצמי שאין בדעתי להבין ולהשכיל, איני עוסק בתורה, טועה הוא בדבר, שהרי הוא מחוייב לעשות מה שנצטוה לעשות, ואם יבין יבין, **שהרי והגית בו יומם ולילה כתיב** ולא כתיב ותבין בו, וכן תמצא בדברי התנא אם למדת תורה הרבה נותנין לך שכר הרבה, ואינו אומר אם הבנת הרבה, אלא למדת אמרו, ותשתדל להבין ואם תבין תבין, ואם לא שכר לימודך בידך, וכמאמר התנא לפום צערא אגרא, ומה גם שאמרו האדם איני לומד מפני שאיני מבין, **הוא פיתוי היצר,** יתמיד בלימודו וסוף הבינה לבא, שבראות קדוש ברוך הוא **חשקו בתורתו ודבקותו בה, פותח לו מעייני החכמה,** דכתיב - כי הוי"ה יתן חכמה מפיו דעת ותבונה. והנני מוסר לך דבר אשר תרדוף אחריה, ויהיה חיים לנפשך וענקים לגרגרותיך, **לעולם יהיה עיקר לימודך בדבר של תורה שליבך חפץ יותר,** אם בגמרא גמרא, ואם בדרוש דרוש, ואם ברמז רמז, **ואם בקבלה קבלה,** ורמז לדבר כי אם בתורת הוי"ה חפצו, כלומר תורת הוי"ה תלויה בדבר שלבו חפץ לעסוק, וכמו שמבאר האר"י זלה"ה בספר דרושי הנשמות והגלגולים פרק שלישי, וז"ל - יש בני אדם שכל חפצם ועסקם בפשטי התורה, ויש שעסקם בדרוש, ויש ברמז, ויש גם כן בגימטריות, **ויש בדרך האמת,** הכל כפי מה שעליו נתגלגל בפעם ההוא, כיון שהשלים פעם אחרת בשאר העניינים, אין צורך לו שבכל גלגול יעסוק בכולם, עד כאן לשונו. **ואל תביט ותשגיח לדברי המתנגדים על מה שחשקת לעסוק בתורה** בגמרא או בפשט או בדרוש וכו', באומרם לך למה אתה מוציא כל ימיך בפרט זה של תורה ולא בפרט זה, משום שעל מה שחשקת ללמוד, על דבר זה באת לעולם, ואם תשים דעתך לדבריהם, יכריחוך להתגלגל בזה העולם פעם אחרת ולעבור נפשך בחרב חדה של מלאך המות ולטעום טעם מיתה, ולכן לא תשמע לדברי המשחית נפשך, **כי דע שהשטן מתלבש באלו האנשים לדאוג ולהצטער ולהכאיב נפש הלומד ועוסק בתורה,** בחלק שאָוְתָה נפשו לעסוק, כדי להבדילו משם שלא ישלים נפשו, על מה שבא להשלימה, ולהכריחו גלגולים אחרים, וכשם שבדבר שחושק יותר האדם ללמוד, משם יבין שעל דבר זה נתגלגל להשלים, כך צריך האדם שידע שורש נשמתו ומהיכן נמשך ועל מה בא לתקן ולהשלים, כמו שאמר בזוהר שיר השירים על הגידה לי את שאהבה נפשי וכו'. **וכדי שיבין יראה באיזה מצוה תקיף יצרו יותר לבטלה יתחזק בה לקיימה, כי בוודאי על מצוה זו נתגלגל,** וכדי שלא ישלים חוקו מנגדו יצרו לבטלה להוציאו מן העולם בידים ריקניות... ולכן לא תשמע לדברי רשעים אלו, אלא תשמע לדברי חיים.

חבר אני לכל אשר יראוך ולשמרי פקודיך. בסוף[11] עץ חיים מובא מספר כללים למהרח"ו,

---

ע"ח ח"ב דקי"ט ע"א.

וז"ל - להאר"י זלה"ה. הרמב"ן וחביריו ודברי ראשונים כמו רבי נחוניא בן הקנה לא הזכירו רק עשר ספירות, ולא גילו ענייני פרצוף כלל. **ודע שהרמב"ן והראשונים היו יודעים בפרצוף**, אלא שדברו בהעלם גדול, לרוב הגלות שלא ניתן רשות לגלות, ולהתפשט האורות הגדולות, מאחר שגברו הקליפות, וכל זר לא יאכל קדש. **אמנם בעקבות משיחא כמו בדורינו זה התחילו האורות להתפשט להיות כבראשונה**, כמו שהיה בזמן העולם מתוקן ולהתתקן מעט. ומתחלה היו האורות סתומים, היה העולם מקולקל, וכל מה שנתקלקל נסתם בגלות, ולא היו משיגין אלא עשר ספירות בסתום, בסוד הנקודות, כל אחד כלול מעשר, ובענין הפרצופים לא נתגלה להם כלל, לפי שמצאו בדברי הראשונים סתומים, ולא ידעו עומק הדברים, וחשבו שכך הוא ודברו בעשר ספירות כל אחד כלול מעשר ובחינות הרבה, ולפי שראיתי מי שחולק על דברים אלו לאמר שלא מצינו אלא עשר ספירות, ומהיכן יש לשלוט כח לאמור כמה פרצופים שנמצא יותר מעשר ספירות, ומספר רב והלא הראשונים כתבו בספר יצירה - עשר ולא תשע, עשר ולא י"א, לזה באתי לפתוח לך כחודא דמחטא, אולי תזכה להבין מקצת, וכולו לא תשורנו עין, וזהו. ובהקדמתו[12] הקדושה כותב הרב ז"ל - והנה אין בכל דור ודור שלא נמצאו בו אנשים יחידי סגולה ששרתה עליהם רוח הקודש, והיה אליהו הנביא ז"ל נגלה עליהם, **ומלמד אותם סתרי החכמה הזאת**, וכמו שנמצא כתוב בספרי המקובלים, גם בעל ספר הרקנטי כתב בפרשת נשא בפרשת ברכת כהנים..... ואנשי לבב שמעו לי, אל יהרסו אל הוי"ה, **לראות בספרי האחרונים הבנויים על פי השכל האנושי**, ושומע לי ישכון בטח ושאנן מפחד רעה. ולכן אני הכותב הצעיר חיים וויטאל, רציתי לזכות את הרבים **בהעלם נמרץ והמשכילים יבינו**, וקראתי שם החבור הזה על שמי **ספר עץ חיים**, וגם על שם החכמה הזאת העצומה, חכמת הזוהר, הנקרא עץ חיים, ולא עץ הדעת כנזכר לעיל, בעבור כי בחכמה הזאת טועמיה חיים זכו, ויזכו לארצות החיים הנצחיים, **ומעץ החיים הזה ממנו תאכל, ואכל וחי לעולם**. ואשכילך ואורך דרך זו תלך דע מן היום אשר מורי זלה"ה החל לגלות זאת החכמה, **לא זזה ידי מתוך ידו אפילו רגע אחד**, וכל אשר תמצא כתוב באיזה קונטריסים על שמו ז"ל, ויהיה מנגד מה שכתבתי בספר הזה, **טעות גמור הוא, כי לא הבינו דבריו, ואם יש בהם איזה תוספות שאינו חולק עם ספרינו זה, אל תשית לבך בקבע אליו, כי שום אחד מהשומעים את דברי קדשו, לא ירדו לעומק דבריו וכוונתו, ולא הבינום**, בלי שום ספק. ואם יעלה בדעתך לחשוב שתוכל לברור הטוב ולהניח הרע, אל בינתך אל תשען, כי אין הדברים האלו מסורים אל לב האדם כפי שכל אנושי, והסברא בהם סכנה עצומה, ויחשב בכלל קוצץ בנטיעות חס ושלום, לכן הזהרתיך ואל תסתכל בשום קונטרסים הנכתבים בשם מורי זלה"ה, זולתי במה שכתבנו לך בספר הזה, **ודי לך בהתראה זאת**, אלו הם דברי קודשו. ועלינו ללמוד אך ורק בתורת מורינו חיים.

אני קראתיך כי תעננו אל הט אזנך לי שמע אמרתי. עוד כתב הרב ז"ל בהקדמתו תנאים כדי לזכות לחכמה הקדושה הזאת, וז"ל - אני הכותב משביע בשמו הגדול יתברך, לכל מי שיפלו הקונרטסים אלו לידו, שיקרא הקדמה זאת, ואם אותה נפשו לבוא בחדרת החכמה זאת, יקבל עליו לגמור ולקיים כל מה שאכתוב ויעיד עליו יוצר בראשית, שלא יבוא אליו היזק בגופו ונפשו, ובכל אשר לו, ולא לאחרים. תחת רודפו טוב והבא לטהר ולקרב. **ראשית הכל יראת**

---

12 ע"ח ד"ד ע"ב.

הוי"ה, להשיג יראת העונש, כי יראת הרוממות, שהוא יראה הפנימית, לא ישיגוהו רק מתוך גדלות החכמה, ועיקר מגמתו בידיעה הזה יהיה לבער קוצים מן הכרם, כי לכן נקראים העוסקים בחכמה הזאת מחצדי חקלא. **ובודאי שיתעוררו הקליפות נגדו לפתותו ולהחטיאו, לכן יזהר שלא לבוא לידי חטא אפילו שוגג**, שלא יהיה להם שייכות בו, לכן צריך ליזהר מהקלות, כי הקדוש ברוך הוא   מדרדק עם הצדיקים כחוט השערה, לכן צריך לפרוש עצמו מבשר ויין כל ימות השבוע, **וצריך הזהרת סור מרע ועשה טוב**, ובקש שלום. בקש שלום צריך להיות רודף שלום, ולא להקפיד בביתו על דבר קטן וגדול, וכל שכן שלא יכעוס ח"ו.

וצריך להתרחק בתכלית הריחוק סור מרע.

א. ליזהר בכל דקדוקי מצות, ואפילו בדברי חכמים, שהם בכלל לא תסור.

ב. לתקן המעוות קודם שיבא לעולם הבא.

ג. יזהר מהכעס, אפילו בשעה שמוכיח את בניו, לא יכעוס כלל ועיקר.

ד. גם צריך ליזהר מהגאוה, ובפרט בענין הלכה, כי גדול כחה והגאוה, בזה עון פלילי.

ה. בכל צער שיבא לו, יפשפש במעשיו וישוב אל הוי"ה.

ו. גם יטבול בעת הצורך לו.

ז. גם יקדש את עצמו בתשמיש המטה שלא יהנה.

ח. שלא יעבור כל לילה ויחשוב בכל לילה מה שעשה ביום, ויתודה.

ט. גם ימעט בעסקיו ואם אין לו פרנסה כי אם על ידי משא ומתן, יכין יום שלישי ויום רביעי, מחצי היום ואילך, ובכוונה שהוא לעבודת קונו.

י. כל דבור שאינו של מצוה והכרחי, יהיה זהיר ממנו, ואפילו דבר מצוה ימנע בשעת התפלה.

ועשה טוב

א. לקום בחצי הלילה, ולעשות הסדר בשק ואפר ובכי גדול, ובכוונה כל אשר יוציא בשפתיו. ואחר כך יעסוק בתורה כל זמן שיוכל להיות בלי שינה, ובלבד שחצי שעה קודם עלות השחר יתעורר לעסוק בתורה.

ב. ילך לבית הכנסת קודם עלות השחר, קודם חיוב טלית ותפילין, להיזהר שיהיה מעשרה ראשונים.

ג. קודם שיכנס, ישים אל לבו מצות עשה ואהבת לרעך כמוך, ואחר כך יכנס.

ד. להשלים רמז צדיק בכל יום. שהוא צ' אמנים, ד' קדושות, י' קדישים, ק' ברכות.

ה. שלא להסיח דעתו מהתפילין בעת התפילה, זולת בעת העמידה ועסק התורה.

ו. צריך שיהיה עוסק בתורה, מעוטף בטלית ותפילין.

ז. לכוין בתפלה הכוונות, כמו שנבאר בע"ה.

ח. שישים תמיד נגד עיניו שם בן ארבעה אותיות הוי"ה, ויזדעזע ממנו, כמו שכתוב - שויתי הוי"ה לנגדי תמיד.

ט. שיכוין בכל הברכות, בפרט בברכת הנהנין.

י. צריך שיהיה עמל בתורה פרד"ס, שנאמר או יחזיק במעוזי, ואל יחשוב שיגלו לו רזי התורה בהיותו ריק, כדכתיב - יהב חכמתא לחכימין, וצריך ליזהר שלא יוציא בשפתיו בחכמה זו, מה שלא שמע מאדם שראוי לסמוך עליו, וכאזהרת רשב"י וחבריו. השגת החכמה תנאי הראשון, צריך למעט דבורו, ולשתוק, כל מה שיוכל כדי שלא להוציא שיחה בטילה, כמאמר רז"ל -

סייג לחכמה שתיקה. גם תנאי אחר, על כל דבר תורה שלא תבינהו, תבכה עליו כל מה שתוכל. גם עלית הנשמה בלילה לעולם העליון, שלא תשוט בהבלי העולם, תלוי שתישן בבכיה. ומרת עצבות מגונה עד מאוד, ובפרט להשיג חכמה, והשגה אין לך דבר מונע השגה יותר מזה. גם בענין השגת האדם, אין לך דבר שמועיל כמו הטהרה והטבילה, שיהיה האדם טהור, בכל עת ומורי זלה"ה עם היות שהיה לו חולי השבר שהקור מזיק לו, עם כל זה לא היה מונע מלטבול בכל עת, עד כאן דברי קודשו. ועלינו לקיים את בקשת הרב ז"ל את הבחינות של[13] סור מרע ועשה טוב, כדי לטפס בעץ החיים.

מרן הרש"ש מעיד[14] על עצמו, וז"ל - וראיתי מה שכתבו מעלת כבוד תורתם, על ענין עבודת הוי"ה שקצרתי במקום שהיה ראוי להרחיב מעט הדיבור, אמת הוא כי לכתחילה קצרתי בו, **יען ראיתי כמה מהנזק יצא ממה שכתבו בזה המקובלים שקדמו, כי רבים חללים הפילו, וחלול כבוד הוי"ה, וכבוד התורה. הוי"ה יכפר בעדם, כי כל דבריהם לא על פי התורה הם, ואינם מיוסדים על האמת, ומהם יצאו אבות, ומאבות תולדות הריסת יסודי התורה ח"ו, הוי"ה יכפר. וכל זה לא שלמדתי בדבריהם ח"ו**, אלא שפעם אחת הוכרחתי בעל כרחי לעיין בדף אחד שכתוב בו קצור מה שכתבו בענין זה, **וכמעט שקרעתי בגדי לראות דברים אשר לא כן על הוי"ה.** הוי"ה יכפר, וכבר מילתי אמורה להם, **כי עידי בשמים כי כל עסקי ולמודי, אינו רק בדברי האר"י זלה"ה, ותלמידו מהרח"ו ז"ל לבדם, ובלעדם אין לי עסק בשום ספר מספרי המקובלים ראשונים ואחרונים, ואפילו בדברי שאר תלמידי האר"י ז"ל לא למדתי, וכשיזדמן לפני דבר מדבריהם, אני מדלגו.** כי על כן איני כמזהיר, אלא כמזכיר, למען הוי"ה אל יהי לכם מגע יד בדבריהם, ובפרט בענין זה, השמרו לכם פן יפתה לבבכם, **אלא כל לימודם לא יהיה אלא בעץ חיים ובספר מבוא שערים ובשמונה שערים המפורסמים,** שכולם דברי אלהי"ם חיים. ואני קצרתי בענין זה כל מה שאפשר, כי יראתי פן יפלו דפים אלו ביד מי שעדיין לא למד דברי האר"י ז"ל כראוי, **ויחשידני שלמדתי בספרים אחרים, ולא כן הוא כאמור,** ולכן קצרתי בו, ופיזרתי בהקדמה, עד כאן דברי קודשו של מרן הרש"ש. ואנחנו תפילה שיתגלה משיח צדיקנו במהרה בימינו, ומלאה[15] הארץ דעה את הוי"ה כמים לים מכסים, דעת תורת החיים.

13

תהלים ל"ד ט"ו – סור מרע ועשה טוב בקש שלום ורדפהו.

14

נהר שלום דף ל"ד ע"א.

15

ישעיהו י"א ט' – לא ירעו ולא ישחיתו בכל הר קדשי כי מלאה הארץ דעה את הוי"ה כמים לים מכסים.

כתב רבינו גאון הקבלה רבי אליהו מני, רבו של הרי"ח הטוב, רבי יוסף חיים בעל הספר "בן איש חי", בספרו הקדוש **כסא אליהו** כי על הלומד ללמוד כל מאמר ומאמר ארבעה חמשה פעמים בלי המפרשים, וינסה להבין את המאמר בעצמו. ואחר כך ילך לראות אם כיוון לדעת המפרשים.

וכן אני הקטן מבקש בכל לשון של בקשה, ללמוד את הדרוש כמו שהוא מובא בספר עץ חיים, ארבעה חמישה פעמים, כדי לנסות להבין את הדרוש. וכל דרוש מובא בתחילת הספר במלואו.

אחר כך יכנס ללמוד את הדרוש עם ביאור הדברים, עוד ארבעה חמישה פעמים, ואחר כך יראה את המקורות להגהות, ודברי רבותינו הקדושים, עם התרשימים וטבלאות.

ואז יעלה ויצליח בלימוד תורת האר"י החז"י.

כתב רבינו **השד"ה** רבי שאול דוויק הכהן, בהקדמת ספרו איפה שלימה, על אוצרות חיים וז"ל - וכדי שיוכל לעלות לימודו למעלה, ריח ניחוח לה'. קודם כל לימוד ימסור עצמו על קדושת ה', כי זה מועיל מאוד, כמו שכתוב בשער הכוונות דף כ"ד ע"ב, כי עתה בזמנינו בעוונותינו הרבים אין יכולת לעשות זיווג כתיקונו למעלה, ולסיבה זו הקץ מתארך וכו'. אמנם עם כל זה יש קצת תיקון במה שנמסור נפשינו על קידוש ה' בכל הלב, כי על ידי כן אפילו אין בנו שום מעשים טובים, והרשענו עד להפליא. הנה על ידי מסירת נפשינו להריגה, מתכפרים עונותינו כולם, ויש בנו יכולת לעלות עד אימא עילאה, כמו שאמרו חז"ל - גדולה תשובה שמגעת עד כסא הכבוד, שנאמר - שובה ישראל עד ה' וכו', עד כאן דבריו.

וזה הסדר

יקבל עליו ארבע מיתות בית דין, מארבעה אותיות הוי"ה וארבעה אותיות אדנ"י, וליחדם על ידי ארבעה אותיות אהי"ה ועל ידי עסמ"ב

סקילה	י	**א**	וליחדם על ידי **א**	יוד הֹי ויו הֹי
שרפה	הֹ	**ד**	וליחדם על ידי הֹ	יוד הֹי ואו הֹי
הרג	ו	**גֹ**	וליחדם על ידי י	יוד הֹא ואו הֹא
וחנק	הֹ	י	וליחדם על ידי הֹ	יוד הֹה וו הֹה

לְשֵׁם יִזזוּד
קֻדְשָׁא בְּרִיךְ הוּא וּשְׁכִינְתֵּהּ

יאהדונהי

בְּדְזזִילוֹ וּרְזזִימוּ   וּרְזזִימוּ וּדְזזִילוֹ

יאההויהה   איההויהה

לְיַחֲדָא אוֹתִיוֹת יַ"ה בּוַ"ה, בְּיִזזוּדָא שְׁלִים

יְהוַ"ה

בְּשֵׁם כָּל יִשְׂרָאֵל, לְאָקְמָא שְׁכִינְתָּא מֵעַפְרָא, הָרֵינִי לוֹמֵד בַּסֵּפֶר קַבָּלָה פְּלוֹנִי שֶׁהוּא כְּנֶגֶד תִּפְאֶרֶת דְזַ"א בָּעוֹלָם הָאֲצִילוּת שֶׁבּוֹ שֵׁם מַ"ה כְּזֶה יוֹ"ד הֵ"א וָא"ו הֵ"א לַעֲשׂוֹת מֶרְכָּבָה. וִיהִי רָצוֹן מִלְּפָנֶיךָ ה' אֱלֹהֵינוּ וֵאלֹהֵי אֲבוֹתֵינוּ שֶׁתְּזַכֵּךְ רוּחֵנוּ וּנְפָשֵׁינוּ שֶׁיְּהִי רְאוּיִם לְעוֹרֵר מַיִן תַּתָּאִין עַל יְדֵי קְרִיאַת סֵפֶר הַקַּבָּלָה הַזֹּאת. וִיהִי נֹעַם יְהֹוָה אֱלֹהֵינוּ עָלֵינוּ וּמַעֲשֵׂה יָדֵינוּ כּוֹנְנָה עָלֵינוּ וּמַעֲשֵׂה יָדֵינוּ כּוֹנְנֵהוּ.

בָּרוּךְ ה' לְעוֹלָם אָמֵן וְאָמֵן, נֶצַח, סֶלָה, וָעֶד.

שער א' ענף ה'

רצוני בענף זה להקדים קצת הקדמות אל כל הבא למלאות את ידו ולהתעסק בחכמה זאת והוא כי כבר ביארנו לעיל כי פרצוף אדם כלול מרמ"ח אברים בי"ס פרטיות שבו באופן זה כי כתר הוא גולגלתא וחב"ד הס ג' מוחין וחג"ת הס ב' דרועין וגופא ונה"י ב' שוקין וחמה ומלכות היא נקבה שלו אמנס אם חרלה לחלק ולפרט אלו הי"ס הכלליות בפרטיות רבים הנה מינם נחלקות רק לה' בחי' לבד אשר כל בחי' מהם הוא פרצוף א' שלם כמראה אדם וזה סדרן הנה הכתר הוא פרצוף א' שלם מי"ס ונקרא א"א וחכמה הוא ג"כ פרצוף א' מי"ס ונקרא אבא ובינה היא ג"כ פרצוף א' מי"ס ונקרא אמא והו"ק מחסד עד היסוד הוא פרצוף א' מי"ס ונקרא ז"א ופרצוף א' מי"ס ומלכות עשירית שהיא מלכות היא פרצוף א' מי"ס ונקרא נוקבא דז"א. עוד נ"ל כי בחי' המלכות שבכל פרצוף ופרצוף מאלו הה' פרצופים הוא באופן זה כי מלכות אשר בפרצוף זכר כגון אבא וז"א הנה המלכות שבו הוא בחי' עטרה שעל הצדיק הנקרא יסוד בסוד ברכות לראש הצדיק הנזכר בס"ה פ' ויצא דקס"ב וז"ל ר' ייסא זוטא הוה שכיח קמיה דר"ש א"ל מהו דכתיב ברכות לראש הצדיק לצדיק מבעי ליה וכו' ואם הוא מלכות בפרצוף נוקבא כגון אימא ונוקבא דז"א הנה המלכות שבה הוא ג"כ בחי' עטרת היסוד שבה כי היסוד שבה הוא הרחם והעטרה שבה הוא בחי' בשר התפוח שעליה הנקרא בדברי חז"ל שפולי מעיים בעניינו מיילונות כנודע.

ואמנם ספירת המלכות הכוללת שהוא פרצוף אחרון שבחמשה פרצופים הנקרא נוקבא דז"א הנה היא (נקבה גמורה) בפרצוף גמור כשאר כל הפרלופים וזכור זה. ונתרץ קושיא חזקה וגדולה שנתקשו בה חכמים גדולים ולא ירדו לסוף עמקה כי בהקדמת הזוהר ד' א' אמרו שם על פ' שאו מרום עיניכם וראו מי ברא אלה כו' כי בכתר ובחכמה אין תמן שאלה כלל ומבינה ואילך קיימא לשאלה אבל איהו בארח סתים ולא מתגלייא כלל כיון דמטי עד מל' הנקרא מ"ה מה פשפשת ומה ידעת הא כולא סתים כדבקדמיתא ובמקומות אחרים ע"פ כי שאל נא לימים ראשונים אמר שהם מחסד ואילך אבל למעלה מסס אין שאלה בג"ר. גם אמרו בתיקונים תיקון כ"ב דס"ב כתר עליון דא איהו שלימו דנש"ב ולא איהו דלא אתייהיב למשה דעליה נאמר נתיב לא ידעו עיט ועליה אמרז"ל במופלא ממך אל תדרוש ובמכוסה ממך אל תחקור אין לך עסק בנסתרות במה שהורשית התבונן ובריש האי תיקון כ"ב קאמר הנסתרות לא איגון מו"א וכו' הרי כי בג"ר אסור לדרוש ולחקור בהם כאשר תמצא בפסק הגאון ר' יצחק דלטאש בתחלת ס"ה עי"ש המאמר וכאלה רבים והרי בכל ס"ה ובפרט בב' האדרות ובתיקונים הפליא לדבר בג"ר ואיך בהקדמת הזוהר אמר בהיפך שאפי' החקירה במלכות האחרונה עליה אתמר מאחרז"ל מה פשפשת ומה ידעת וכו'. אבל הענין הוא כך ומובן במ"ש בענף ד' עניין א"ק ואיך כל העולמות הם ענפים ומסתעפים ממנו עד שנמצא כי עולם האלילות אינו רק לבוש אל נה"י דא"ק שהם בחי' רגליו לבד וכבר ידעת כי עולם העשיה הוא נגד המלכות [דא"ק] אשר מקומה היה אבי"א עם ז"א בתנה"י שלו לבד נמצא כי עולם האלילות אינו [מלא] (אפי') בערך עולם עשיה שהוא מלכות דא"ק נמצא כי כל עסקינו בס"ה בעולם האלילות אפי' בג"ר אינו [רק] (אפי') בחי' עולם עשיה דא"ק שהוא מלכות דא"ק אבל בג"ר דא"ק אסור לעשות כן ואפי' במלכות דא"ק שהוא בחי' עשיה.

עוד צריך שנקדים לך הקדמה א' והוא כי כל הי"ס הכוללות כל עולם ועולם הנה בכללות יחד כולם כמו בחי' הוי"ה א' בכל מקום שהוא בין בכללות בין בפרטות כנ"ל יוצא מכל אות ואות מהם הוי"ה א' והנה קוצו של יו"ד שבצבאות הוי"ה הוא ספי' כתר ויו"ד עצמה הוא בחי' חכמה וה' לראשונה בינה והו' הוא הת"ת כולל ו' ספירן אשר כללותם נקרא בשם ז"א כמ"ש במקומו בע"ה והה' אחרונה מל' הנקרא אצלינו נוק' דז"א וכ"ז הוא בדרך הוי"ה הכוללת הה' פרצופים יחד כנ"ל. וכן אם נחלק הי"ס בכל פרצוף ופרצוף תהיה גם הוי"ה שבפרצוף ההוא בפרטות ע"ד הכללות כי קוצו של יו"ד הוא הכתר שהוא בגלגלתא שבפרצוף ההוא וי' חכמה וה' בינה שבפרצוף והם ב' מוחין ימין ושמאל וו' הוא עיקר הגוף ו"ק שבפרצוף ההוא וה' אחרונה הוא מל' שבמלכותו פרצוף. עוד צריך להקדים בחי' אחרת הקרובה אל הנ"ל והוא כי מכל אות ואות מהם הוי"ה יוצא הוי"ה א' ואין חילוק ביניהם רק בחופן מלוייהן וזהו ענינים.

כי י' שהוא רומז בחכמת שהוא ספי' הנק' חכמה יש בו הוי"ה א' במילוי יודין והוא גימ' ע"ב. וה' נרמזת בבינה שהיא הספי' הנקראת בינה יש בה הוי"ה במילוי יודין ואלף כזה יו"ד ה"י וא"ו ה"י והוא גימ' ס"ג. והו' שהוא רומזת בז"א שהם ו"ס אשר מהם עד יסוד יש בה הוי"ה א' במלוי אלפין והוא גי' מ"ה. וה' אחרונה שהיא רומזת במל' נוק' דז"א יש בה הוי"ה א' במילוי ההי"ן והוא גי' ב"ן. ועד"ז ג"כ בפרטות כל פרצוף ופרצוף שבה' פרצופים הנ"ל אשר בכל מהם יש הוי"ה בפרטות כנ"ל יש בה שם הויה דע"ב בחכמת פרצוף ההוא והוי"ה דס"ג בבינת פרצוף ההוא והוי"ה א' דמ"ה (בז"א) בו"ק שבפרצוף ההוא והוי"ה דב"ן בנוקבא דז"א שבפרצוף ההוא. וכמו שבכל ספי' וספי' נפרטות לי"ס ומי"ס לי"ס עד אין קץ ותכלית כנ"ל כך הוא חילוק מילוי (פרטי) ההויות שהם מתרבים ומתחלקים עד אין קץ כפי חילוק פרטיות הספי' עד אין קץ. והנה אחר שהקדמנו לך כל ההקדמות האלו צריכים אנו לעורך אל המעיין הבא לעיין בס"ה שימצא מאמרים רבים שונים ורחוקים זה מזה בתכלית הריחוק ואם לא יהיה לו ההקדמות אלה יסתר מעיונו כי לא ידע להבחין באיזה מליאות (בחי') הוא מדבר המאמר אשר הוא בו ולא ידע להבחין באיזה בחי' הוא מדבר המאמר ההוא אם הוא בא"ק עצמו. ואם בכל אותן האורות שילאו והאירו ממנו. אם בבחי' אורות האוזן. אם בבחי' אורות החוטם. אם בבחי' אורות הפה הנקרא עקודים. ואם בבחי' אורות הענין הנקרא עולם הנקודים שהוא עולם האצילות טרם תקונם. ואם בבחי' אורות המלא שהוא בחי' עולם האצילות אחר שנתקן. ואם בעולם הבריאה. ואם בעולם היצירה. ואם בעולם העשיה. וכ"ז לדרך כללות. והנה יש עוד להבחין בדרך פרטות אם מדבר בפרצוף עתיק שבכל עולם מהם. או בפרצוף א"א. או באבא או באימא או בז"א או בנוק' או ביש"ס. או בתבונה. או ביעקב או בלאה.

עוד צריך להבחין פרטי פרטיס אם מדבר בי"ס דעגולים או בי"ס דיושר ואם במקיף ואם בחו"פ. ואם בעצמות או בכלים ואם גדולה מכולם צריך להבחין כי חופני הי"ס ומצבן ומעמדן חסרונם ומילואם עצמו מספר. אם בעת שנאצלו. אם בעת קיטרוג הלבנה. אם בעת בריאת אדה"ר. ואם בעת שחטא שנשתנו כל העולמות. אם בדור המדבר. אם בבית ראשון ואם בעת חורבנו ואם בבית שני. ואם בעת חורבנו. גדולה מכולם אם בחול אם בשבת או ביו"ט אם ביום אם בלילה. ולא עוד אלא שבכל שעה ושעה משתנים העולמות ואין שעה זו דומה לשעה זו ומי שמסתכל בעניין הילוך המזלות וכוכבים וסיגני מצבן ומעמדן ואיך ברגע אחד הם בחופן אחר והנולד בו יקרה לו מאורעות שונות מהנולד ברגע שקדם לזה. ומזה יסתכל ויבין בעולמות העליונים שאין להם קץ ומספר. ואם תפקח עיני שכלך תדע ותשכיל זו

ממולא דבר כי אין שכל בלב אדם לעמוד ע"כ פרטים וע"ז אמר דהע"ה גל עיני ואביטה נפלאות מתורתיך. ושהע"ה שכתוב בו ויחכם מכל אדם אמר אמרתי אחכמה והיא רחוקה ממני. ולך וראה מ"ש בספר התיקונים תיקון כ"ב דס"ה במ"ש קס ר"ש ואמר סבא סבא כו' ולבושין דחיהו לביש בצפרא לא לביש ברמשא ולבושא דלביש ביומא דא לא לביש ביומא תנינא. ובזה תבין איך משתנה מעמד ומצב העולמות שהם הלבושין של א"ס לכמה שינויין בכל עת ורגע וכפי השינויין ההם כך נשתנו בחי' המאמרים של ס"ה. וכולם דברי אלהים חיים גם תמלא מוזכרים בחי' הויות במילוייס שונים או במלוי ע"ב או במלוי ס"ג או מ"ה או ב"ן כנזכר בהקדמת התיקונים שלא נדפסו וכן בסוף תיקון י"ג וכן בתיקון ע"ט וכיוצא בתיקו' אלו כי שם נזכר מילוי של אלו ההויו"ת וצריך שתדע באיזה בחי' מתעסק מאמר ההוא כדי שתדע אותה הוי"ה באיזה מקום היא רומזת והנה בהיותך מעמיק מעמיק ומעיין ועומד על בירורים של דברים אלו אז אפשר שתוכל להבין מאמרים אלו אם יהיה אלהים עמך בהיותך תמים לו כי לא ימנע טוב להולכים בתמים. עוד ראיתי לעוררך על ענין אחד הלא הלא צריך לדעת כי רוב מאמרי הזוהר וכמעט כולם אינם מדברים מענין הי"ס של העיגולים רק בבחי' יושר כמראה אדם וענין זה כולל בכל העולמות הן בהיותו מתעסק בא"ק או בעתיק או בא"א או בא"ו או בזו"ן דאצילות או בשאר עולמות בי"ע ואם יהיו דברים אלו נוכח פניך ואל יליזו מעיניך אם תרוץ לא תכשל ואז תלך לבטח דרכך.

עֲנָף ה'

דרוש זה מקורו מספר אדם ישר וצריך לכתוב מ"ב בראש הדרוש.

הרב ז"ל מבאר הקדמות ויסודות הנחוצים ללמוד תורת הסוד. כאן בענף זה הוא אחד מהמקומות היחידים שבו מבאר הרב ז"ל הקדמות ויסודות הנצרכים ללימוד הקדוש הזה. הרב ז"ל כותב הקדמות אלו למי **שבאמת רוצה ללמוד את חכמת האמת ולהתחנך**[16] **בה**, ולא למי שלומד מתוך סקרנות, או ללמוד רק בידיעה כללית ושטחית. וזה לשון הזהב של הרב ז"ל, שכותב **להתעסק**, מלשון עסק שאדם עוסק מהרהר, חושב, מדבר ועושה להלכה ולמעשה בתורה הקדושה הזאת. לכן לענף זה יש חשיבות, כי כל הנאמר הוא מיסודות תורת הסוד.

רְצוֹנִי בְּעֲנָף זֶה לְהַקְדִּים קְצָת הַקְדָּמוֹת, אַל כָּל הַבָּא לְמַלְּאוֹת אֶת יָדוֹ וּלְהִתְעַסֵּק בְּחָכְמָה הַסּוֹד הַזֹּאת. וְהוּא כִּי כְּבָר בֵּאַרְנוּ לְעֵיל כִּי פַּרְצוּף אָדָם הָעֶלְיוֹן דַּאֲצִילוּת, וְכֵן כָּל פַּרְצוּף וּפַרְצוּף כְּלוּל[17] מֵרמַ"ח אֵבָרִים וּשס"ה[18] גִּדִין, וּבְעֶשֶׂר סְפִירוֹת פְּרָטִיּוֹת שֶׁבּוֹ ר"ל בְּאוֹתוֹ פַרְצוּף, וְכֵן[19] בְּכָל פַּרְצוּף וּפַרְצוּף, בְּאוֹפֶן[20] זֶה כִּי כֶּתֶר[21] יֵשׁ בּוֹ שָׁרְשֵׁי

16

כרם שלמה ש"א ענף ה' אות א' – רצוני בענף זה להקדים וכו'. ודע כי הפרק הזה שהוא התחלת ידיעת כינויי העשר ספירות, ומקום רישומם באדם, הוא כתוב בריש שער ההקדמות, וכאן הונח שלא במקומו, לכן כתב בו **למלאת את ידו**, ר"ל **לחנך** למי שמתחיל ללמוד בזאת החכמה.

17

כרם שלמה ש"א ענף ה' אות ב' – והוא כי כבר ביארנו לעיל כי פרצוף אדם כלול מרמח אברים, בעשר ספירות שבו באופן זה וכו'. פירוש, כי ידוע כי העשר ספירות, שהם מן הכתר למלכות, אם תמנה כל אחד בפני עצמו, אז כל אחד לבד נקרא ספירה, וכשהם מתחברים העשר ספירות יחד, אז נקראים פרצוף אחד, וחיבור זה של העשר ספירות יחד, **יש בהם רמ"ח אברים**. שהם

18

ע"ח ש"ג פ"ב מ"ב דט"ז ע"ד – אמנם דע כי כל בחינת חמשה פרצופים שבכל עולם ועולם הנזכרים לעיל, **הנה כל אחד כלול מרמ"ח אברים, ושס"ה גידין**. וצריך המעיין לחקור על ניתוח אברים שבכל פרצוף ופרצוף.....

19

תרשים ה – א.

20

הקדמת תיקוני הזהר, **מאמר פתח אליהו די"ז ע"א** – חסד דרועא ימינא, גבורה דרועא שמאלא, תפארת גופא, נצח והוד תרין שוקין, ויסוד סיומא דגופא אות ברית קדש, מלכות פה תורה שבעל פה קרינן לה: חכמה מוחא איהו מחשבה מלגאו, בינה לבא ובה הלב מבין, ועל אלין תרין כתיב הנסתרות לה' אלהינו, כתר עליון איהו כתר מלכות, ועליה אתמר מגיד מראשית אחרית, ואיהו קרקפתא דתפלין.

21

ע"ח שכ"ג פ"א מ"ת דק"ו ע"ב – נמצא כי המוחין הם למטה מבחינת הכתר, ואינם בתוכו. **כי הכתר גבוה מאד מהם**, והם למטה ממנו לגמרי. אמנם בכתר יש בו בחינת פנימית, שהם מוחין שבו בעצמו ממש, ובבחינת החיצוניות שהוא הגולגלתא, אלא שחיצוניות שהוא הגולגלתא, מתפשטת עד למטה, ומלבשת גם את המוחין הנקרא חב"ד, **אבל עיקרית הכתר אינו אלא למעלה**, על אלו המוחין.

המוחין, והוא גבוה מאוד, וחיצוניות הכתר **הוא גולגלתא** של האדם, ובו מתלבשים **חב"ד**[22] **והם שלוש מוחין** שבראש באדם, מוח ימין חכמה, מוח שמאל בינה, ומוח אמצעי, הנקרא דעת, והוא הו"ק[23] נשמת **וחג"ת**[24] **הם שתי דרועין וגופא** ר"ל יד ימין חסד, יד שמאל גבורה, והגוף תפארת, **ונה"י**[25] **שתי שוקין** שהם רגל ימין נצח, ורגל שמאל הוד, **ואמה** היא הברית, ספירת היסוד, ויש ליסוד עטרה, הנקראת המלכות שבו, **ולפרצוף**[26] הזה יש את הנקבה הכוללת שלו, והיא פרצוף שלם בעשר ספירות פרטיות, בעלת רמ"ב אברים ושס"ה גידין, ונקראת **מלכות, והיא**[27] **נקבה שלו**[28].

22

כרם שלמה ש"א ענף ה' אות ג' – וחב"ד הם שלוש מוחין. פירוש, כי יש באדם בראש שלו מוח אחד בצד ימין, וזה נקרא מוח חכמה. ומוח אחד בצד שמאל, וזה נקרא מוח בינה. ומוח אחר ממוצע בין שני מוחין אלו, וסופו יורד דרך חוט השדרה, וזה נקרא דעת. ואלו השלוש הם מחוברים יחד ונקראים חב"ד, ונקראים גם כן ג"ר.

23

ע"ח ש"ט פ"ג מ"ת דמ"ג ע"ד – כי הנה הדעת הוא כולל כל הו"ק, **והוא נשמה להם**, כנודע.
ע"ח ח"ב שכ"ה דרוש ב' מ"ב כלל ט"ז ד"ז ע"ג – דע **שהדעת הוא נשמת ו'**ק, ודע ששורש המשה חסדים נשארין בדעת תמיד, אך ענפיהם הם החסדים המתפשטים בו"ק, ואלו הענפים הם המגדילין את ז"א מבחוץ כנזכר לעיל. והם מבחוץ, ושרשם מבפנים, ומקבלין הארה דרך מחיצות שביניהן, ומגדילין לגופא דז"א עצמו.
מבוא שערים ש"ב ח"ב פ"ה ד"ז ע"ג – וגם כי **הדעת הוא נשמת הו"ק**.
שער ההקדמות, דרוש בסדר ירידת ז' מלכים ונפילתם דכ"ב ע"ב – ואם לסיבת היות **הדעת בחינת נשמה אל השישה קצוות** כנודע, והוא כולל כולם.
שער מאמרי רשב"י ד"ל ע"א – ודע כי זה שאמרנו **דנשמת תפארת הוא דעת** הגנוז בבינה, וזכה לו משה, היינו נשמתא לגופא, **לשש קצוותיו** לבד.

24

כרם שלמה ש"א ענף ה' אות ג' – וחג"ת הם שתי דרועין וגופא. פירוש, זרוע ימין הוא חסד, וזרוע שמאל גבורה, והגוף אשר ביניהם, שהוא נמשך שיעורו מן הגרון עד היסוד, וזה מה שנקרא גוף, הוא תפארת.

25

כרם שלמה ש"א ענף ה' אות ג' – ונה"י הם שני שוקין ואמה. פירוש, היסוד נקרא אמה.

26

כרם שלמה ש"א ענף ה' אות ג' – ומלכות היא נקבה שלו. פרוש, נקבה לאותו פרצוף, והיא גם כן פרצוף שלם.

27

גמרא בכורות דמ"ה ע"א – אמר רב יהודה, אמר שמואל, מעשה בתלמידיו של רבי ישמעאל ששלקו זונה אחת שנתחייבה שריפה למלך, בדקו ומצאו בה **מאתים וחמשים ושנים**. אמר להם, שמא באשה בדקתם, שהוסיף לה הכתוב שני צירים ושני דלתות. תניא רבי אלעזר אומר כשם שצירים לבית, כך **צירים לאשה**, שנאמר - ותכרע ותלד כי נהפכו עליה ציריה. רבי יהושע אומר כשם שדלתות לבית, כך דלתות לאשה, שנאמר - כי לא סגר דלתי בטני. רבי עקיבא אומר כשם שמפתח לבית, כך מפתח לאשה, שנאמר - ויפתח את רחמה.
פרי עץ חיים, שער העמידה פ"ו – **ראה נא בעניינו** - גבורה דנוקבא. וראשי תיבות **רנ"ב**, שהם רמ"ח אברים שבה, ועוד ארבעה איברים יתירים מן הרמ"ח שבזכר, והם סוד שתי צירים ושתי דלתות שברחם הנוקבא, וכולם מצד הגבורה כנודע, הרי הם **רנ"ב** איברים.

28

דע כי[29] ספירה כללית מתחלקת לעשר ספירות פרטיות, וכל אחת מהם מתחלקת לעשר ספירות דפרטי פרטים, והם ביחד מאה ספירות ספירות פרטיות דכל ספירה כללית, הנקראים פרצוף, והם כמראה אדם בעל תרי"ג בחינות, המתחלק למ"ה וב"ן כמו שמבואר לקמן. **עוד צריך לדעת** כי כל עשר ספירות כלליות מתחלקות לחמשה פרצופים, וכל פרצוף מאלו הפרצופים יש עשר ספירות פרטיות, וגם לפרטי פרטים של ספירות ופרצופים. לכן החמשה פרצופים כללים, ולהם יש בדרך כללות חמישים ספירות. **וכן** כל[30] ספירה וספירה, בין בפנימיות שהם האורות, ובין בחיצוניות שהם הכלים דאותה ספירה, כוללת שיעור קומה של אבי"ע פרטי. כאשר חיצוניות הספירה נקרא עולם העשיה בערך השאר.

אמנם אם תרצה לחלק ולפרט אלו העשר ספירות הכלליות, בפרטים[31] רבים, הנה אינם נחלקות רק לחמשה בבחינות לבד הנקראים פרצופים, והם[32] א"א או"א וזו"ן, **אשר כל בחינה מהם הוא פרצוף אחד שלם** וכולל בפרטות[33] עשר ספירות פרטיות, שהם כחב"ד, חג"ת, נה"י"ם. והוא[34] **כמראה אדם** בעל רמ"ח אברים ושס"ה גידין, וכל אחד

הגהות וביאורים)ב(— א"ה בכל ספרי דפוס הביאו כאן הגה"ה מוהרח"ו זיע"א, ונראה לעניות דעתי דשייכת בשער ב' ענף ג', ונדפסה שם, ובמה שכתב הרנ"ש בדף ל"ו ואילך, נראה לעניות דעתי שיובן הגה"ה זו, ואם שגיתי איתי תלין.
29

כרם שלמה ש"א ענף ה' אות ד' — אמנם אם תרצה לחלק ולפרט וכו'. פירוש, כל פרצוף כלול מעשר ספירות, וכללות כולם נעשים חמשים ספירות, ולזה מיושב הלשון שאמר לחתק ולפרט העשר ספירות בפרטים רבים, משמע שיותר מעשרה. ואחר כך אמר אינם נחלקים רק לחמשה בחינות, אלא כל אחד מהחמשה נחלקות לעשרה, נעשים חמשים.
30

ע"ח ח"ב ש"מ דרוש ב' מ"ב דע"ט ע"ד — וכלים ועצמות, וכיוצא בזה בכל הפרטים כולם, ישנם בחיצוניות לבדו, וכן בפנימיות לבד. כי החיצוניות של כל עולם ועולם הוא בחינת חלק העשיה שיש בכל עולם כנודע. כי כל אחד מארבעה עולמות אבי"ע כלול מכל חלקי אבי"ע, ולא זו לבד **אלא אין לך כל ספירה וספירה שאין בה ארבעה חלקי אבי"ע.** ובפרטות בחינת חיצוניות הספירה ההיא, הוא בחינת עשיה אשר בה. **נהר שלום די"ג ע"ד** — גם נודע כי אין הפרצוף נקרא פרצוף, עד שיהיה כלול מעשר ספירות, **אשר כל ספירה מהם כלולה מכל אבי"ע.** וזה בכל פרטי פרצופי אבי"ע, **וכל זה בין בחיצוניות, בין בפנימיות.**
31

ע"ח שכ"ד פ"ז מ"ב דקי"ב ע"ב — ודע כי כל ספירה וספירה כלולה מכל הקו שלה בלבד, ולא מכל העשר ספירות. כיצד, חכמה מחח"ן, שהוא קו שלה, וכל אחת כלולה משלוש, וכן מתפשטות ונחלקות לאלף אלפי בחינות, וכולם בבחינת חח"ן בלבד. ועל דרך זה בקו שמאל, כל ספירה וספירה של שמאל כלולה משלוש ספירות הקו ההוא, וכל אחת מהם כלולה משלוש, עד אלף אלפים בחינות, וכולם בבחינת בג"ה בלבד. ועל דרך זה בקו האמצעי, וכולם בבחינת דת"י לבד, **וזה בדרך כללות.** אמנם **בדרך פרטות כל בחינות מאלו העשר ספירות כלולה מכל העשר ספירות,** אמנם אינם יוצאין מטבע בחינת הקו ההוא. המשל בזה, ספירת החכמה תהיה כלולה מחח"ן, וכל אחד מהם יש בה עשר ספירות, וכולם נקרא חכמה, או חסד, או נצח בלבד, ואינן נוטים על השמאל, כי כולם חסדים. וכן ספירת בינה, כלולה מבג"ה לבד, וכל אחת מהם יש בה עשר ספירות, וכולם נקראו בינה, או גבורה, או הוד לבד, ואינם נוטים אל הימין, כי אלו הם כולם גבורות. וכן על דרך זה בקו האמצעי, כולם מכריעים, **וזכור הקדמה זאת.**
32

תרשים ה – ב.
33

תרשים ה – ג.
34

רחובות הנהר ד"ט ע"ד — וכשנברא אדם הראשון, נכלל בו כל מחצב הנשמות הנזכרים. והנה גופו שהם הכלים דעשר ספירות שבו, כלול מרמ"ח **איברים ושס"ה גידים, שהם תרי"ג. ויש בו חמשה פרצופים**

מפרצופים אלו[35] כלול ממ"ה וב"ן. **עוד צריך לדעת** כי כל בחינה של עשר ספירות מתחלקת[36] לי"ב פרצופים[37] פרטיים.

וזה סדרן של העשר ספירות הנפרטות לחמשה פרצופים, **הנה**[38] הכתר הוא פרצוף אחד שלם ונפרט **מעשר ספירות** פרטיות, ופרצוף זה **נקרא א"א** בחיצוניות, ופנימיותו נקרא פרצוף עתיק יומין, והוא[39] הארת המלכות דא"ק המתלבשת בפרצוף א"א. **וספירת החכמה הוא גם כן פרצוף אחד** שלם, ונפרט **מעשר ספירות** פרטיות, ופרצוף זה **נקרא אבא, ובעומק אבא**[40] הוא פרצופי

כוללים, דחמשה פעמים א"ק ואבי"ע דפרטות, א"ק ואבי"ע, על דרך הנזכר במחצב הספירות, וכל פרצוף מפרטי פרצופי א"ק ואבי"ע הנזכרים, כלול מחמשה פרצופים הנקראים בשם עור, ובשר, גידים, ועצמות, ומוח שבעצמות, כלול מתרי"ג איברים שבתוכם, מתלבשים תרי"ג איברי הצלם, שבתוך הצלם מתלבשים תרי"ג איברי הנרנח"י דכל פרט, ובתוכם מתלבשים תרי"ג איברים דעשר ספירות דכל פרצוף א"ק ואבי"ע דמחצב הספירות, עם צלמי המוחין ונרנח"י שבו המתייחסים אליו, שבתוכם מתלבש גוף הקדוש של התורה הנזכר לעיל.
35

תרשים ה – ד.
36

רחובות הנהר ד"ז ע"ג – זה הכלל כל עשר ספירות דכל פרצוף, נחלקים לשלשה חלוקות, אחת הוא הגולגולתא שהוא הכתר, שהוא גדול מהמוחין לאין קץ, והוא שורש הארבעה מוחין חב"ד. שנית הוא המוחין שהם חב"ד. שלישית הוא גופא שהם הו"ק. והנה שורש הארבע מוחין דחב"ד שבכתר הנזכר, החו"ב שבהם נקראים **עתיק ונוקבא,** והדעת העליון המחברם, הם הנקראים **א"א ונוקבא,** אלו הם החב"ד שבכתר, שהם שורשי המוחין, וכללותם נקראים נר"ן דנשמה. והמוחין שהם החב"ד שתחת הכתר, הם הנקראים או"א וישסו"ת, החו"ב שבהם הם נקראים **או"א עילאין,** והחו"ג דדעת נקראים **ישראל סבא ותבונה,** ובערך החב"ד העליונים שבכתר, נקראים אלו חג"ת, וחו"ג נקראים או"א, גם נקרא דעת התחתון הכולל תרין עטרין ודעת, כי תרין עטרין נקראים חו"ב, או"א, ודעת התחתון שבהם נקראים ישסו"ת, וכללותם נקראים נר"ן דרוח. והו"ק שהם גופא הם הנקראים זו"ן, ובערך שנקראים או"א וישסו"ת חג"ת כנזכר לעיל, נקראים אלו נה"י, נצח והוד נקראים זו"ן הגדולים, שהם זו"ן דמ"ה ו"ק דב"ן, ויסוד נקרא יעקב ורחל, ואלו יעקב ורחל הם דגופא דז"א עצמו, כי היסוד הוא מכלל הו"ק.
37

תרשים ה – ה.
38

כרם שלמה ש"א ענף ה' אות ה' – וזה סדרן הנה הכתר וכו'. אף על פי שעתיק יומין הוא גם כן בכלל הכתר, קצר כאן הגרסא כמו שמבואר בשער ההקדמות היא כך, ובכללו פרצוף עתיק יומין כי שניהם הם כתר.
39

ע"ח ש"ג פ"א מ"ב דט"ז ע"ב – האציל תחתיו עולם האצילות, וזה סוד - כולם בחכמה עשית, וחכמה הנזכר לעיל **נתלבשה במלכות דא"**ק, וזה **המלכות ירדה ונתלבשה בסוד שבעה ספירות שלה תוך עשר ספירות דעולם האצילות,** והיה זה כדי לקשר א"ק בעולם האצילות, ועל דרך זה בכל עולם ועולם, כמו שנבאר בע"ה. וראש זו המלכות שהם ג"ר שבה נשארו במקומם, ושבעה תחתונות שהם גופא דילה, של שבע ימי בראשית הם נתלבשו בעשר ספירות דאצילות. **וזה הבחינה נקרא עתיק יומין, שהם שבע ימים העתיקן מן מלכות דא"**ק, והשבעה תחתונות נחלקים לעשר ספירות, כי ראשונה כלולה משלוש, על דרך היכל קודש קודשים שכולל שלוש. **וזה העתיק נעשה נשמה לא"א, שהוא כתר דאצילות,** וגם הוא מתפשט בתשע ספירות אחרות דאצילות, ואור א"ס תוך)א"ק דא"ק(תוך העתיק, **וא"א מלביש לשבעה תחתונות לזה העתיק.**
40

או"א עילאין. וכן ספירת ה**בינה היא גם כן פרצוף אזד** שלם, ונפרט **מעשר ספירות** פרטיות, **ונקרא אימא, ובעומק אימא**[41] הוא פרצופי ישסו"ת. **והו"ק** שהם הספירות **מחזסד עד היסוד** ר"ל חסד, גבורה, תפארת, נצח, הוד, יסוד, **הוא פרצוף אזד** שלם, ונפרט **מעשר ספירות** פרטיות, ופרצוף זה **נקרא ז"א. וספירה עשירית שהיא ה**מלכות, **היא פרצוף אזד** שלם, ונפרט **מעשר ספירות** פרטיות, **ונקראת נוקבא**[42] **דז"א** הנקראת[43] גם רחל עקרת הבית, לאפוקי[44] עטרת היסוד דכל פרצוף, הנקראת[45] גם כן מלכות.

ההקדמות בסוגיה זאת כאן הם חשובות ונחוצות להבנת כל דברי הזוהר הקדוש, ודברי האר"י זלה"ה.

הרב ז"ל מבאר כאן כי[46] כל פרצוף או ספירה או אפילו ניצוץ כלול כלול מזכר ונקבה, הנקראים מ"ה וב"ן, כאשר צד הזכר נקרא מ"ה בחינת חסד, וצד הנקבה נקרא ב"ן בחינת דין. הרב ז"ל כאן לא מפרט את בחינת הנוקבא דא"א, וכל שכן הרב

רחובות הנהר ד"ד ע"ד – וכן על דרך זה פרצופי אבי"ע **דאו"א עילאין** דאצילות, נעשו **מחכמות** דפרצופי אבי"ע דאצילות, וספירות שהיו להם נעשו חכמות (שהם או"א וכו'(, לכל פרצופי אבי"ע דאצילות.
41

רחובות הנהר ד"ד ע"ד – וכן פרצוף **ישסו"ת** דאצילות, נעשו **מבינות** דכל פרצופי אבי"ע דאצילות, וספירות שהיו בהם נעשו בינות (שהם ישסו"ת וכו'(, לכל פרצופי אבי"ע דאצילות.
42

ע"ח ח"ב ש"ל דרוש ג' מ"ב דכ"ז ע"ג – כבר נודע כי הז"א אין בו רק תשע ספירות, והמלכות משלמת לעשר. אמנם המלכות נוקבא דז"א יש בה עשר ספירות, כי יש בה מלכות שבמלכות.
43

ע"ח ח"ב של"א פ"א מ"ת דל"ב ע"ג – ועתה צריך לבאר ענין זו"ן מי הם, ואחר כך נבאר בחינת עיבור שני שלהם לצורך המוחין דגדלות. גם יתבאר ענין ארבעה בחינות שמצינו, והם ישראל ויעקב, רחל ולאה, מה ענינם. הנה נודע כי ישראל ויעקב הם בחינת ז"א, ורחל ולאה הם בחינות הנקבות שלהם. אבל בהכרח הוא שהם בחינות חלוקות זה מזה, והענין הוא כי הנה ז"א הנזכר בזוהר בכל חיבורינו, הוא הנקרא ישראל, והוא בחינת שישה ספירות של כללות ספירות דאצילות, שהם מחסד עד יסוד כנודע. **ונוקבא דז"א,** היא המלכות העשירית שבעשר ספירות דכללות עולם אצילות כולו, גם כן והיא הנקרא רחל, כי לכן נקרא **רחל עקרת הבית** כנודע, באופן כי זו"ן, הם הנקראם ישראל ורחל.
44

ע"ח ח"ב שכ"ז פ"א מ"ב דט"ז ע"ד - ז"א אין בו רק תשע ספירות, והעשירית היא נוקבא, אמנם הניחה שרשה בו, **והיא עטרה שבו,** כי משם נאחזת. **אך העטרה היא מכלל היסוד עצמו** כנודע, כי כל ספירה נחלקת לשלוש פרקין, **ועטרה היא פרק שלישי של היסוד,** נמצא כי הספירה עשירית היא פרצוף נוקבא דז"א, והוא אינו רק תשע ספירות, והיא נשרשת ונאחזת בסוף היסוד, שהוא בפרק שלישי שבו, הנקרא עטרה.
45

תרשים ה – ו.
46

ע"ח ש"ט פ"ז מ"ז דמ"ו ע"ב – דע כי אין לך ספירה וספירה, אפילו בעשר ספירות הפרטיות שבכל פרצוף ופרצוף, שאין בו **בחינת זכר ונקבה, והם ב"ן דנקודות ומ"ה החדש,** ואמנם אין ענין ב"ן הזה והנקבה זו בחינת מלכות העשירית שיש בכל ספירה וספירה, שהיא בחינה עשירית שבכל ספירה וספירה, אלא שיש בכל ספירה עשר בחינות, וכולם דמ"ה, ועשר בחינות וכולם דב"ן, והתשע ראשונות דמ"ה וב"ן הם נקרא תשע בחינות הראשונות של ספירה ההוא, והבחינה עשירית שהוא מלכות שבאותו ספירה עצמה, היא כלולה ממ"ה וב"ן. **כלל הדברים בקיצור נמרץ כי אין לך שום ניצוץ קטן בכל האצילות, שאין בו מ"ה וב"ן.**

ז"ל לא מפרט את בחינת הנוקבא דעתיק, ומתחיל לפרט את הנוקבא מפרצוף מאבא ולמטה. בפרצופי עתיק וא"א בחינת הנוקבא בערך התחתונים היא בחינת רחמים, ובחינה זה היא נעלמת, לכן כאן הרב ז"ל לא מזכיר את הנוקבא דעתיק או א"א. לכן בפרצופים העליונים כמו עתיק וא"א, וכל שכן בפרצופי א"ק הרב ז"ל מעלים את בחינת הדין, שהוא בחינת הנוקבא. לכן הרב ז"ל לא מפרט בדרך כלל את הנוקבא דפרצוף עתיק ופרצוף א"א, בסוד[47] הפסוק[48] ואין אלהי"ם עמדי. אבל[49] **בעומק** גם לכל אחד מפרצופים אלו[50] דעתיק וא"א יש נוקבא פרטית. **ידוע**[51] כי יש פרצופים שהם[52] בחינת

רחובות הנהר ד"ה ע"ב – כל ספירה, וכל ניצוץ, **כלול ממ"ה וב"ן, מחוברים חיבור גמור**. אמנם כל צד המ"ה נקרא דכורא, יען הוא משפיע ומתקן לצד הב"ן, הנקרא נוקבא. וכל חסדים הם ממ"ה, וגבורות הם מב"ן.

גמרא בבא בתרא דע"ד ע"ב – אמר רב יהודה, אמר רב, כל מה שברא הקדוש ברוך הוא בעולמו, **זכר ונקבה בראם.**
47

ע"ח שי"ב פ"ב מ"ת דנ"ז ע"א – נבאר תחלה ענין אלו הנקבות שיש בעולם האצילות, הן בעתיק יומין, הן בא"א וכו'. והענין הוא כי הנה הודעתיך לעיל שיש בחינת עתיק ונוקבא, וא"א ונוקבא, ואו"א, וזו"ן. אמנם יש חילוק בענין הנקבות הנזכרים לעיל, והוא כי הנה הנקבה היא דינין, והוא מבחינת בירור המלכים, ואיך יצדק שם נקבה בעתיק וא"א שהם תכלית הרחמים, כנזכר בשתי האדרות, ועוד כי הנה היות בחינת זכר ונקבה מורה על מיעוט ופירוד, ואין אחדות גמור, כמו בהיות הזכר לבדו. והנה מצינו ראינו בהרבה מקומות בזוהר ובאדרא רבא דף קמ"א ע"ב - בהאי דיוקנא דאדם שארי ותקין כללא דכר ונוקבא, מה שאין כך בעתיקא, וכן בהרבה מקומות מצינו שלא התחיל בחינת זכר ונקבה, אלא מאו"א ולמטה, כנזכר באדרא זוטא דף ר"צ ע"א - האי חכמתא אתפשט ואשתכח דוכרא ונוקבא, שהוא חכמה אב בינה, אם ובגינייהו כולא אתקיים בדוכרא ונוקבא וכו'. **אם כן איך אנו אומרים שאפילו בעתיק וא"א יש בחינת נוקבא,** והנה מצינו היפך זה בהרבה מקומות, ובפרט בספר הזוהר פרשת בראשית דף כ"ב ע"ב - דעילת כל העילות אמר האי קרא - ראו עתה כי אני אני הוא ואין אלהי"ם עמדי וגו', **דאית אחד בשתוף כגון דוכרא ונוקבא,** ואתמר בהון כי אחד קראתיו, אבל איהו חד ולא בחושבן ולא בשתוף, ובגין כך אמר ואין אלהי"ם עמדי, שהיא בחינת הנוקבא, הנקרא אלהי"ם שהיא דין.
48

דברים ל"ב ט"ל – ראו עתה כי **אני אני הוא ואין אלהי"ם עמדי** אני אמית ואחיה מחצתי ואני ארפא ואין מידי מציל.
49

ע"ח שי"ב פ"ב מ"ת דנ"ז ע"ג - ונודע כי של הכתר דנקודים היה קצת ביטול, כאשר ירדו להעשות)כלים(מוחין לאו"א, ולכן גם בו היה תיקון וחיבור נוסף, והוא ששניהן היו פרצוף אחד הזכר ונקבה שבו, באופן זה **כי בחינת שם מ"ה שבו נתון בכל צד ימין, ובחינת שם ב"ן שבו היה בצד שמאלי שבו,** ושניהם דבוקים יחד בבחינת פרצוף אחד. וזהו ענין מה שכתוב בזוהר שהכתר הוא זכר לחוד בלי נוקבא, ר"ל **בלי נוקבא נפרדת ממנו,** ומה שאנו אומרים שיש זכר ונוקבא הוא היות נמצאים בו שתי בחינות אלו של מ"ה וב"ן בימינו ובשמאלו, אשר הם בחינת זכר ונקבה בכל מקום. אבל לא שיש בו זו"ן נפרדין בשני פרצופים, **והבן זה מאד**. ובזה תבין איך או"א מלבישין לא"א, זה לימינו וזה לשמאלו, כי כן הדבר בא"א עצמו, **צד ימין שבו הוא מ"ה דכורא, וצד שמאל הוא ב"ן נוקבא.**
50

ע"ח ש"ט פ"ו מ"ב דמ"ו ע"א – ואז התחיל התיקון מעתיק וא"א, וניח תיקון העתיק ונדבר בא"א. כי הנה מהשבעה תחתונות שבו התחיל השבירה. והנה כיון שג"ר שבו נשארו שם, התחיל להתתקן שהוא בחינת רישא ושערות ונקבים, ואז נתמעט האור היוצא מהם, וכן היה יכולת בשבעה תחתונות לתקן בבחינת כלים דגופא מיעוטים ומסכים גם כן דומיא דרישא, **ונעשה כל זה בחינת ב"ן נוקבא דא"א,** וזה היה בכח דכורא דא"א שהוא מ"ה החדש. כי תחלה נזדווגו שלוש ראשונות דמ"ה דאריך אנפין, עם **ג"ר דב"ן דא"א** שלא נשברו, והעלו שבעה תחתונות **דב"ן דנוקבא דא"א** שנשברו, ונתחברו עמהם שבעה תחתונות דמ"ה דדכורא דא"א, ונתקן הכל. אחר כך נזדווגו זו"ן שהם שבעה תחתונות דא"א המ"ה וב"ן, ותיקנו ג"ר דחכמה דב"ן עם מ"ה, אז הג"ר תקנו השבעה תחתונות שלהם דמ"ה וב"ן. וכן על דרך זה עד תשלום העשר ספירות, שהם חמשה

זכרים, שהם א"א, אבא, וז"א. ויש פרצופים שהם מבחינת הנקבות, שהם אימא, ונוקבא דז"א. ולכל[53] אחד מהפרצופים האלו יש תשע ספירות עליונות, ובחינת ספירת המלכות הפרטית שלהם, שנקראת[54] עטרת היסוד. בתחילה מבאר הרב ז"ל את בחינת המלכות הפרטית שבכל פרצוף, בין בפרצוף הזכר, ובין בפרצוף הנקבה. ומלכות[55] זאת הנקראת **עטרת היסוד**. תחילה הרב ז"ל מבאר את עטרת היסוד של פרצופי הזכר, ואחר כך את עטרת היסוד של פרצופי הנקבה.

עוֹד[56] **צָרִיךְ לָדַעַת כִּי בְּזוֹינַת הַמַּלְכוּת** הפרטית, שהיא הספירה העשירית **שֶׁבְּכָל פַּרְצוּף וּפַרְצוּף, מֵאֵלוּ הַחֲמִשָּׁה פַּרְצוּפִים** דא"א, ואו"א, וזו"ן, שכל אחד מהם כלול מעשר ספירות פרטיות **הוּא בְּאוֹפָן זֶה, כִּי מַלְכוּת אֲשֶׁר בַּפַּרְצוּף** שיש לו תכונות של **זָכָר, כְּגוֹן** פרצוף **אַבָּא** ופרצוף ז"א, **הִנֵּה הַמַּלְכוּת שֶׁבּוֹ, הוּא בְּזוֹינַת** שליש תחתון של היסוד הנקרא **עֲטָרָה שֶׁעַל הַצַּדִּיק, הַנִּקְרָא** ספירת היסוד, **בְּסוֹד** הפסוק[57] - **בְּרָכוֹת לְרֹאשׁ צַדִּיק, הַנִּזְכָּר**

פרצופים דאצילות, ואז נקרא ברודים. כי נקודים הוא ב"ן, וברודים הוא מ"ה וב"ן יחד. ואמנם לא יכלו להתתקן לגמרי עד ביאת המשיח.
51

כרם שלמה ש"א ענף ה' אות ו' – ותחילה מבאר החילוק שיש בין מלכות הפרטית דפרצופי הזכרים, למלכות הפרטית דפרצופי הנקבות. והוא כי כבר ביארנו לעיל בסמוך כי אלו העשר ספירות הכוללות, הם נפרטים לחמשה פרצופים, שהם א"א, אבא, ואימא, וז"א, ונוקבא דז"א. ואלו החמשה פרצופים **יש מהם שנקראים פרצופי זכרים, ויש מהם שנקראים פרצופים נקבות.** ואלו הם, פרצוף הא"א, ופרצוף אבא, ופרצוף ז"א, נקראים פרצופי זכרים. ופרצוף אימא, ופרצוף נוקבא דז"א, נקראים פרצופי נקבות.
52

תרשים ה – ז.
53

תרשים ה – ח.
54

שער ההקדמות, שער א' ד"ה ע"א – ואמנם בחינת ספירת המלכות הפרטית, אשר היא העשירית אשר בעשר ספירות הפרטיות שבכל פרצוף ופרצוף הנזכר, הנה עינינה היא זה, כי אם היא המלכות שבפרצוף הזכר, כגון אבא או ז"א, **הנה המלכות שבו היא בחינת העטרה שבפי גיד האמה**, הנקרא יסוד, בסוד ברכות לראש צדיק, כנזכר בזוהר.... אבל בחינת המלכות אשר בפרצוף נקבה, כגון אימא או נוקבא דז"א, **הנה המלכות שבה היא בחינת עטרת היסוד שבה.** כי היסוד עצמו הוא הרחם, מקום ההריון, ובחינת הבשר התפוח אשר עליו בולט מבחוץ, נקרא עטרה, ונקרא בדברי רבותינו ז"ל שפילי מעים כנזכר בענין סימני האיילונית, ועיין שם. וכל זה הוא במלכות פרטית שבכל פרצוף ופרצוף.
55

כרם שלמה ש"א ענף ה' אות ו' – וכבר ביארנו לעיל כי כל פרצוף ופרצוף מאלו החמשה פרצופים, יש בו עשרה ספירות פרטיות, והם רמוזים בפרטי העשר ספירות של איברי האדם התחתון. דהיינו הכתר של אותו פרצוף רמוז ונקרא בשם גולגלתא, וחב"ד שלו שהם מוח ימין ומוח שמאל ומוח אמצעי, וכן על דרך זה כולם. עד ספירת היסוד של אותו פרצוף, היא רמוזה באדם התחתון באבר היסוד, **והמלכות של אותו פרצוף היא רמוזה בהעטרה של היסוד.**
56

כרם שלמה ש"א ענף ה' אות ו' – עוד צריך לבאר וכו'. פירוש, אף על פי שאמרנו כי המלכות היא פרצוף אחד, ונקרא נוקבא דז"א. יש בה שלושה חלוקים, והיא בה שלושה מיני מלכויות, שהם מלכות פרטית דפרצופי הזכרים, ומלכות פרטית דפרצופי הנקבות, ומלכות הכוללת שהיא פרצוף הנוקבא דז"א, שהיא פרצוף בפני עצמה. ואין הכל בחינה אחת הם.
57

משלי י' ו' – ברכות לראש צדיק ופי רשעים יכסה חמס.

בְּסֵפֶר הַזֹּהַר הקדוש פָּרָשַׁת וַיֵּצֵא דַף[58] קַס"ב ע"א, וז"ל - רַבִּי יֵיסָא זוּטָא הֲוָה שְׁכִיחַ קַמֵּיהּ היה מצוי לפני דְּרַבִּי שִׁמְעוֹן, אָמַר לֵיהּ שאל אותו מַהוּ דִּכְתִיב בִּרְכוֹת לְרֹאשׁ צַדִּיק למה כתוב ברכות לראש צדיק, לַצַּדִּיק מִבָּעֵי לֵיהּ היה צריך לכתוב לצדיק וכו',

מפני שהמלכות נקראת ברכה, מפני[59] שכוללת כל השפע שמקבלת מהספירות העליונות, כדי להשפיע בתחתונים, והיא בראש בצדיק, שהיא העטרה. כי היסוד מקבל את השפע מהעליונים, ונותן למלכות את חלקה בסוד הפסוק[60] - והיה האוכל לפיקדון שהוא היסוד, לארץ והיא המלכות.◆

וְאִם הוּא המלכות שֶׁבְּפַרְצוּף נוּקְבָא, כְּגוֹן בפרצוף אִימָא, ובפרצוף נוּקְבָּא דְּז"א, הִנֵּה[61] הַמַּלְכוּת שֶׁבָּהּ ר"ל בפרצופי הנקבות, הוּא גַם כֵּן בְּזִוְנַת עֲטֶרֶת הַיְסוֹד

58

זהר פרשת ויצא דקס"ב ע"א עם ביאור ותרגום – **רבי ייסא זוטא הוה שכיח קמיה דרבי שמעון** רבי ייסא זוטא)הקטן(היה מצוי לפני רבי שמעון, **אמר ליה האי דכתיב** שאל אותו על הפסוק, - **ברכות לראש צדיק, לצדיק מבעי ליה** למה ברכות לראש צדיק, **לצדיק מבעי ליה** היה צריך לכתוב לצדיק, כלומר לא רק לראש של הצדיק, אלא הברכות צריכות לחול על כל גוף הצדיק, ולא בראשו בלבד, **אמר ליה** השיב לו רבי שמעון, **ראש צדיק, דא היא עטרה קדישא** ראש צדיק הוא העטרה הקדושה שעל היסוד הנקרא צדיק, **ואקמוה** כבר ביארוהו, שבעטרה מתקבצות הברכות, והיסוד משפיע ברכות אלו למלכות על ידי העטרה דיסוד, **תו** עוד פירשנו, **ראש צדיק דא יעקב**, ראש צדיק זה יעקב, הנקרא תפארת, שהוא ראש ליסוד, לפי שהתפארת עומדת מעל היסוד, ועטרת היסוד מלבישה את הנה"י ושליש תחתון של התפארת, **דאיהו נטיל ברכאן**, שספירת התפארת מקבל ברכות מספירת הבינה, **ונגיד לון לצדיק** וממשיך אותם לספירת היסוד, הנקרא צדיק, **ומתמן אזדריקו לכל עיבר** וספירת היסוד זורק)מלשון זריקה בסוד הזרע היורה כחץ(את הברכות לנוקבא, ומתפשטות לכל הו"ק דנוקבא, **ומתברכן כלהו עלמין** ומתברכים כל העולמות. **אבל הא אוקימנא** אבל אנחנו ביארנוהו, כי הפסוק - **ברכות לראש צדיק** פרושו הוא כי **ראש צדיק אקרי ההוא אתר דברית** ראש צדיק נקרא מקום הברית, שהוא בספירת היסוד, **דמניה נפקין מבועין לבר**, לפי שדרך הספירת היסוד יוצאים מעיינות ברכות של התפארת, ומושפעים על ידי ספירת היסוד לספירת המלכות, וספירת המלכות משפיעה לכל העולמות והפרצופים.

59

שער גן עדן, דרך האמת, דרך ו' דכ"א ע"ד – שהרי אמר בספר הבהיר שם, משל למלך שהיה לו עשר בנים **ובת אחת**, והיא אחת מעשרה בנים, ונתן לכולם אוצרות וסגולת מלכים, **ולבת לא נתן כלום**. וצוה המלך לכל התשעה בנים שכל אחד יתן **להבת מחלקו**, הרי כבר היתה הבת אחד מעשרה קודם שנתנו לה מחלקם.

60

בראשית מ"א ל"ו – והיה האכל לפקדון לארץ לשבע שני הרעב אשר תהיין בארץ מצרים ולא תכרת הארץ ברעב.

61

ע"ח ח"ב של"ה פ"ג מ"ק דנ"ב ע"ב – וצריך אני עתה שתי הנקודות הנמצאין בנוקבא, שהם ציון וירושלם, מה עניגם. ומצינו **שציון הוא ביסוד**, וירושלים הוא במלכות, וכן הוא הדבר כי נקודת היסוד בנוקבא, הוא נקודה הנקרא ציון, **ונקודת ירושלים היא נקודת מלכות שבנוקבא**. וכן אמרו באדרא זוטא - כי ציון כסתא דנוקבא כבית רחם לאתתא. ואמנם במקום ערותה יש בשר תפוח, **והיא נקראת עטרה**, והוא בשר תפוח בולט בין הירכיים, **והבשר זה הוא סוד מלכות שבנוקבא**. ולפנים מזה הבשר, **שם סוד בית הרחם**, שהוא חדר אחד לפנים מזאת המלכות, **וזה נקרא יסוד שבנוקבא**. וסוד הענין כמאמר רז"ל כי הנוקבא נקרא מלכות. ואם כן אין צריך להיות בה בעצמה בחינת מלכות, כי כל עצמה היא מלכות. לכן לא נמצא מהנוקבא רק תשע ספירות, שהם מכתר שלה עד היסוד שבה, ממש כדמיון הזכר, בחינות גמורות. אך המלכות שבה אינה רק דרך רמז קצת, באותו עובי הבולט מן היסוד לחוץ.

שֶׁבָּה, כִּי הַיְסוֹד שֶׁבָּה הוּא הֲרוֹזָם בְּסוֹד הַפָּסוּק[62] - כל כבודה בת מלך פנימה, **וְהָעֲטָרָה שֶׁבָּה הוּא בִּזְוַנְתֵּ[63] בְּשַׂר הַתַּפּוּזַ שֶׁעָלֶיהָ** ר"ל על היסוד של הנקבה, **הַנִּקְרָא בְּדִבְרֵי חֲזַ"ל[64] שִׁפּוּלֵי מֵעַיִים, בְּעַנְיָנֵי סִימָנֵי אַיְלוֹנוּת כַּנּוֹדֵעַ,** הרב ז"ל מקצר במקום זה, כִּי[65] אין דורשין בעריות, **עִם כָּל זֹאת הַיְסוֹד[66]** של פרצוף הנקבה נקרא **צִיוֹן**, והעטרה דנוקבא נקראת **ירושלים.**

וְאָמְנָם[67] סְפִירַת הַמַּלְכוּת הַכּוֹלֶלֶת שהוא הפרצוף החמישי, **שֶׁהוּא פַּרְצוּף אַחֲרוֹן שֶׁבְּחָמֵשָׁה פַּרְצוּפִים** דכל עולם ועולם, הוא **הַנִּקְרָא נוֹקְבָא דְּפַּרְצוּף ז"א[68]** הַנִּקְרֵאת רחל עקרת הבית, **הִנֵּה הִיא** (צריך לגרוס נֻקְבָה גְּמוּרָה) ולא המלכות הפרטית דפרצוף ז"א, ופרצוף הנוקבא דז"א הוא **בְּפַרְצוּף גָּמוּר[69] כִּשְׁאָר כָּל הַפַּרְצוּפִים, וְזָכוּר זֶה.**

62

תהילים מ"ה י"ד – כל כבודה בת מלך פנימה ממשבצות זהב לבושה.

63

רמב"ם, ספר נשים, הלכות אישות פ"ב הלכה ו' – ואלו הן סימני אילונית. כל שאין לה דדין. ומתקשה בשעת תשמיש. **ואין לה שיפולי מעיים כנשים.** וקולה עבה ואינה ניכרת בין איש לאשה. והנערה והבוגרת והאילונית כל אחת משלשתן נקראת גדולה.

רמב"ם, ספר נשים, הלכות אישות פ"ב הלכה ז' – ויש בבת סימנין מלמעלה, והן הנקראין סימן העליון, ואלו הן. משתחזיר ידיה לאחורה ויעשה קמט)במקום(הדדין. ומשישחיר ראש הדד. ומשיתן אדם ידו על עוקץ הדד, והוא שוקע ושוהה לחזור. ומשיפצל ראש חוטם הדד, ויעשה בראשו כדור קטן. ורבותי פירשו משיפצל החוטם עצמו. וכן משיטו הדדין. ומשיתקשקשו הדדין. ומשיתקיף **הָעֲטָרָה שֶׁהוּא מָקוֹם הַבָּשָׂר הַתָּפוּחַ שֶׁלְמַעְלָה מִן הָעֶרְוָה לְעוּמָת הַבָּטֶן.** ומשיתמעך הבשר הזה ולא יהיה קשה.

64

גמרא יבמות ד"פ ע"ב – ואיזו היא אילונית, כל שהיא בת עשרים ולא הביאה שתי שערות, ואפילו הביאה לאחר מכאן, הרי היא כאילונית לכל דבריה, ואלו הן סימניה, כל שאין לה דדים, ומתקשה בשעת תשמישן רבן שמעון בן גמליאל אומר - כל שאין לה **שיפולי מעים** כנשים.

65

גמרא חגיגה די"א ע"ב – אין דורשין בעריות בשלשה, ולא במעשה בראשית בשנים, ולא במרכבה ביחיד, אלא אם כן היה חכם ומבין מדעתו.

66

תרשים ה – ט.

67

כרם שלמה ש"א ענף ה' אות ו' – וזהו שכתב, ואמנם ספירת המלכות הכוללת, שהוא פרצוף אחרון שבחמשה פרצופין וכו'. **הכוללת דייקא,** ולא ספירה, אלא פרצוף גמור הנקרא נוקבא דז"א, ולא מלכות דז"א שהיא העטרה של היסוד שלו, אלא נוקבא גמורה בפרצוף גמור. כי אין האדם מזדווג עם המלכות שלו, שהיא העטרה שלו, אלא עם אישתו, **שהיא פרצוף גמור כמוהו,** הנקראת נוקבא שלו. וזהו שכתב, הנה היא נקבה גמורה בפרצוף גמור כשאר כל הפרצופים, ור"ל שהיא כלולה מעשר ספירות כשאר פרצופים הקודמים לה, שהם כוללות עשר ספירות, ופשוט.

68

בראשית רבה ע"א ג' – אמר רבי יצחק, ורחל עקרה - רחל היתה עיקרו של בית.

69

הגהות וביאורים)ג(– מה שכתב הנה היא וכו', נ"ב כך היא גירסת שער ההקדמות ועיין בדברי שלום דף ל"ב.

צריך לדעת כי כל פרצוף בנוי באופן פרטי מזכר ונקבה, בין אם הפרצוף באופן כללי הוא זכר, ובין אם הפרצוף הכללי הוא נקבה. **לחלק הזכר שבפרצוף קוראים מ"ה, ולחלק הנקבה שבפרצוף קוראים ב"ן**, והסיבה לזה היא כי בעת תיקון העולמות אחרי השבירה, כל פרצוף ופרצוף לקח חלקים משם מ"ה, שהוא בחינת הזכר, וחלקים משם ב"ן, שהוא בחינת הנקבה. וכל זה לא רק בפרצופים העליונים אלא גם בכל פרט ופרט ניצוץ וניצוץ בבריאה כלול מזכר ונקבה, הנקראים מ"ה וב"ן. גם[70] אדם תחתון נבנה מחלקים אלו, כאשר בגוף האדם יש בדם כדוריות לבנות וכדוריות אדומות. ובחינת[71] מ"ה וב"ן נמצאים גם בזכר וגם בנקבה, בזכר הם נקראים מ"ה וב"ן דמ"ה, ובנקבה מ"ה וב"ן דב"ן. כך[72] שכל ניצוץ וניצוץ הוא מבחינת מ"ה וב"ן. **עוד** צריך לדעת כי עטרת היסוד דאבא נקרא **ישראל סבא**, ועטרת יסוד דאימא נקראת **תבונה**. וכן הוא בפרצוף הפרטי דז"א (ובכל פרצוף ופרצוף), מתחלק למ"ה וב"ן, כאשר חלק המ"ה שלו נקרא **ישראל**, וחלק הב"ן שלו נקרא לאה[73], או רחל הגדולה, וישראל ולאה נקראים[74] זו"ן **הגדולים**. והמלכות דז"א שהיא עטרת היסוד דיליה נקראת רחל הקטנה, וגם רחל הקטנה מתחלקת למ"ה וב"ן, הנקראים[75] יעקב ורחל הקטנים,

---

⁷⁰

גמרא נידה דל"א ע"א – תנו רבנן שלשה שותפין יש באדם, הקדוש ברוך הוא ואביו ואמו, אביו מזריע הלובן, שממנו עצמות, וגידים, וצפרנים, ומוח שבראשו, ולובן שבעין. אמו מזרעת אודם, שממנו עור, ובשר, ושערות, ושחור שבעין. והקדוש ברוך הוא נותן בו רוח, ונשמה, וקלסתר פנים, וראיית העין, ושמיעת האוזן, ודבור פה, והלוך רגלים, ובינה, והשכל.

⁷¹

תרשים ה – י.

⁷²

ע"ח ש"ט פ"ז מ"ב דמ"ו ע"ב – דע כי אין לך ספירה וספירה, אפילו בעשר ספירות הפרטיות שבכל פרצוף ופרצוף, שאין בו **בחינת זכר ונקבה, והם ב"ן דנקודות ומ"ה החדש**, ואמנם אין ענין ב"ן הזה והנקבה זו בחינת מלכות העשירית שיש בכל ספירה וספירה, שהיא בחינה עשירית שבכל ספירה וספירה, אלא שיש בכל ספירה עשר בחינות, וכולם דמ"ה, ועשר בחינות וכולם דב"ן, והתשע ראשונות דמ"ה וב"ן הם נקרא תשע בחינות הראשונות של ספירה ההוא, והבחינה עשירית שהוא מלכות שבאותו ספירה עצמה, היא כלולה ממ"ה וב"ן. **כלל הדברים בקיצור נמרץ כי אין לך שום ניצוץ קטן בכל האצילות, שאין בו מ"ה וב"ן.**

⁷³

תרשים ה – י"א.

⁷⁴

נהר שלום ד"ז ע"ד – ונתחברו ו"ק שהם ז"א דמ"ה עם ו"ק שהם ז"א דב"ן ונכללו אלו באלו ונתלבשו אלו באלו והלבישו לתנה"י דא"א מהטיבור ולמטה מכל צדדיו פנים ואחור ונקראים זו"ן הגדולים.

⁷⁵

ע"ח שי"ט פ"ט מ"ב דצ"ה ע"ד – אך באו"א יש מ"ה וב"ן, אלא שהם שני פרצופים דבוקים יחד תמיד פנים בפנים, דוגמת עתיק, וכל כך הם דבוקים עד שנחשבין שניהן לפרצוף אחד, ונקרא אבא. וכן באימא היא כך כי הם שני פרצופים דמ"ה וב"ן, אלא שהם דבוקים מאד פנים בפנים, דוגמת עתיק כנזכר לעיל. ובזו"ן יש גרעון אחר כי כל מה שהולכין הפרצופים ויורדין ממדרגתן מתגלה מאד פירודם, בחינת המ"ה מבחינת הב"ן, ולכן נתוסף פירוד בחלק מ"ה וב"ן שבזו"ן, והענין כי הז"א כולו בחינת מ"ה, והנוקבא כולה בחינת ב"ן, והם נפרדים לזמנין אחור באחור, ולזמנין פנים בפנים, והנה דוגמת או"א הם ז"א ורחל השוין בקומתן, ודוגמת ישראל סבא ותבונה הם יעקב ורחל הקטנים מהחזה דז"א ולמטה, והבן זה. ודע כי יש יעקב שהוא חצי תחתון דז"א, והוא המזדווג עם רחל הקטנה.

רחובות הנהר ד"ז ע"ד – ואחר כך יוצא הארת הבינות והגבורות המוחין שנתפשטו בזו"ן, ובונים ומתקנים את יעקב ורחל, כמו שנתבאר בכוונת ברכת אבות בע"ה, **ואלו יעקב ורחל הם המלכיות, הנקראת עטרת היסוד דו"ק דמ"ה וב"ן דזו"ן הגדולים עצמם**. לא המלכיות דמ"ה וב"ן הנזכר לעיל, שהם המלך השביעי [**אח**]"י – הכוונה לנוקבא דז"א], כי אותם יש להם בחינת אותיות ומספר, וכמו שמבואר בפרק ז' משער י"ד שער או"א, עיין שם. והם דוגמת בינות דאו"א, וכל אלו הזו"ן הגדולים [**אח**]"י - מ"ה וב"ן דז"א, שהם ישראל ולאה], עם הנוקבא שהם יעקב ורחל הגדולים [**אח**]"י – מ"ה וב"ן דנוקבא דז"א, הפרצוף החמישי הגדולים [**אח**]"י - מ"ה וב"ן דנוקבא דז"א] עם הקטנים [**אח**]"י - עטרות היסוד יעקב ורחל הקטנים].

ונקראים[76] עטרות דיסוד. גם בחינת המ"ה וב"ן דז"א מתחלקים למ"ה וב"ן דמ"ה דז"א, ומ"ה וב"ן דב"ן דז"א, וכן[77] עטרות דיסוד דיעקב ורחל הקטנים, שהם מ"ה וב"ן דמלכות דז"א מתחלקים למ"ה וב"ן דמ"ה, ומ"ה וב"ן דב"ן דמלכות דז"א. והבחינות[78] דמ"ה וב"ן דז"א נקראים גם מ"ה וב"ן דו"ק. גם[79] פרצוף הנוקבא דז"א, הנקרא רחל עקרת הבית, מתחלק באותה דרך, רק שנקרא יעקב ורחל הגדולים. **לכן תמצא** כי לפרצוף זה יש שלוש מלכויות, האחת היא **עטרת היסוד**, הנקראת רחל הקטנה, או יעקב ורחל הקטנים, והם[80] המלכויות דמ"ה וב"ן, השניה **המלכות שבו** והיא בחינת הב"ן שבו, ונקראת ו"ק דב"ן, והשלישית **נוקבא דז"א** הנקראת רחל עקרת הבית, או יעקב ורחל הגדולים. **וכן הוא בפרצופי או"א**, כאשר[81] המלכויות הפרטיות שלהם הם יסו"ת, כאשר[82] ישראל סבא הוא המלכות דאבא, והתבונה[83] היא המלכות דאימא. וכל[84] פרצוף מפרצופי או"א מתחלק למ"ה וב"ן, ר"ל מ"ה וב"ן דאבא, ומ"ה וב"ן[85] דאימא. וכן יסו"ת מתחלקים למ"ה וב"ן, ר"ל מ"ה וב"ן דישראל סבא, הנקראים ישו"ת דישראל סבא. ומ"ה וב"ן דתבונה, הנקראים ישו"ת דתבונה. ועוד יש עוד חלוקים כמו שיתבאר לקמן בשערים הבאים בע"ה.

כאן נכנס הרב ז"ל לקושיא חזקה וגדולה, והיא מחלוקת המקובלים הראשונים אחרי גילוי ספר הזוהר הקדוש, עד היכן אפשר לפרש לחקור בספירות דאצילות, ויש גבול לחקירה ומפני[86] כבוד המקום ברוך הוא בסוד הפסוק[87] - כבוד

76

תרשים ה – י"ב.
77

תרשים ה – י"ג.
78

תרשים ה – י"ד.
79

תרשים ה – ט"ו.
80

רחובות הנהר ד"ח ע"א – וגם מלכות דמ"ה ומלכות דב"ן, נקראים נוקבא רחל, אלא שמלכות דמ"ה נקרא יעקב, בערך מלכות דב"ן שנקרא רחל, וכנזכר לעיל.
81

תרשים ה – ט"ז.
82

ע"ח ש"כ פרק ה' מ"ב דצ"ז ע"ג – ואמנם דע כי כשאנו אומרים שלוקחין כולם **באמצעית תבונה, ר"ל וגם מישראל סבא.** וכן כשאנו אומרים **שלוקחין על ידי הבינה,** ר"ל **וגם מאבא עילאה.**
ע"ח ח"ב שכ"ה דרוש ד' מ"ב ד"י ע"א – הנה נודע כי הם בינה ותבונה ולפעמים נכללין בפרצוף אחד, ולפעמים נחלקים. והנה בעת זווגם דאו"א להוציא צלם המוחין אלו, נכללין בינה ותבונה, ועל דרך זה אבא וישראל סבא, ואין להאריך. **כי מאימא נבין את אבא.**
83

ספר הלקוטים, שמות דקל"ט ע"ב – ויאמר מלך מצרים למילדות. דע כי המילדות העבריות הם סוד בינה ותבונה. ולפי שפעמים הם כלולים זו בזו, ולכן כתיב חסר, ולפי שהם בחינת אם ובת, **כי תבונה היא סוד מלכות דבינה,** ולכן יוכבד ומרים הם היו אימא וברתא, וכן יוכבד גימטריא מ"ב ע"ה, סוד אימא עילאה, ומרים סוד תבונה, ובה דינין חקיפין. וזה סוד מה שכתוב בספר הזוהר - מינה דינין מתערין. דהיינו מבחינת תבונה, ולא מן בינה. ולק היא הוי"ה בניקוד אלהי"ם, כי היא גופא רחמים, אך תבונה היא דינים, ולכן מרים גופא היא דינים.
ע"ח שי"ד פ"ט מ"ב דע"ד ע"א – ודע כי הבינה היא בחינת תשע ספירות הראשונים, והתבונה היא בחינת המלכות של הבינה הנזכרת לעיל.
84

תרשים ה – י"ז.
85

תרשים ה – י"ח.
86

אלהי"ם הסתר דבר, שמועה ראשונה היא שמותר לחקור עד השבעה תחתונות דבינה, וגם זה כלאחר יד. השמועה השניה כי אפשר לחקור אך ורק בשבעה התחתונות דאצילות, השמועה השלישית שאי אפשר לחקור אפילו בספירת המלכות.

עוד הקדמה גדולה וחשובה **ונתרץ קושׁיא חזקה וגדולה** והיא בענין היתר הדרישה והחקירה עד היכן אפשר לדרוש ולחקור בספירות ובהפרצופים העליונים, **שֶׁנתקשׁו בה חכמים גדולים** שקדמו לרבינו האר"י ז"ל, כי יש כמה שמועות ולכאורה סתירות בספר זוהר הקדוש, עד היכן אפשר לחקור ולהתבונן בעולמות העליונים, **ולא ירדו לסוף עֻמקה.**

לפי השמועה הראשונה אפשר לחקור משבעה תחתונות דפרצוף הבינה הנקראׁ מ"י[88], **כי** הנה **בהקדמת הזוהר** הקדוש דף[89] ד' עמוד **א'**, אמרו שׁם עַל פסׁוק[90] - שׂאו מרום עׂינׂיכם וראו

תלמוד חגיגה י"א ב' – וכל שלא חס על כבוד קונו ראוי לו שלא בא לעולם.
[87]

משלי כ"ה ב' - כבד אלהי"ם הסתר דבר וכבד מלכים חקר דבר.
[88]

[אחׁ]ין – **כלל** הבינה נקראת מ"י. כי בבינה יש חמישים שערים, הנקראים נ' שערי בינה. מ"י בגימטריא נ'.
[89]

הקדמת הזוהר ד"א ע"א עם הסבר ותרגום – **בראשית, רבי אלעזר פתח**, רבי אלעזר התחיל לדרוש בסוד מעשה בראשית, ומפרש את הפסוק בספר ישעיה - **שאו מרום עיניכם, וראו מי ברא אלה, שאו מרום עיניכם** השאלה היא **לאן אתר**, לאיזה מקום שניושא את עינינו, האם הכוונה לכוכבים, לשמש, הירח וכל צבא השמים, האם לעולם המלאכים וחיות הקודש, או למעלה מזה, בעולם האצילות, ואם באצילות עד איזה מקום באצילות אפשר ליתבונן, לחקור והשיג. והתשובה היא **לאתר דכל עיינין תליאן ליה**, מקום שכל העינים תלויות שם, ומצפים לקבל שפע וברכה משם. **ומאן איהו** ומה הוא אותו מקום, מקום זה נקרא **פתח עינים** המלכות שנקראת מרום, שנקראת פתח עינים, שעיני התחתונים להסיג ולקבל שפע על ידה מהעליונים. **ותמן תנדעון**, ומשם תדעו, **דהאי סתים עתיקא** פרצוף הבינה שנקרא סתום מפני שהוא מקבל מהחכמה הנקראת חכמה סתימאה, והחכמה נקראת עתיקא שמקבל מהכתר הנקרא עתיקא קדישא, **דקיימא לשׁאלה** בפרצוף הבינה אפשר לשׁאול בו שאלה, כי הבינה נקראת מי, **ברא אלה** ברא את ז"א שכלול מו"ק, **ומאן איהו** ומי הוא אותו פרצוף, פרצוף זה נקרא **מ"י** שהוא פרצוף הבינה שנקרא מי, כי יש בבינה חמישים שערים שהם בגימטריא מי, **ההוא דאקרי מקצה השמים לעילא** זה הפרצוף נקרא מקצה השמים שלמעלה, כי בחינת החג"ת נה"י שלה מתלבשים בז"א הנקרא שמים, **דכלא קיימא ברשותיה** וכל הנהגת העולם עומדת בכח ו"ק דבינה, **ועל דקיימא לשׁאלה** ובפרצוף הבינה אפשר לשאול, **ואיהו בארח סתים ולא אתגליא** רק בדרך נסתר, כי הו"ק שלה סתומים בתוך ז"א, ולא בדרך נגלה, **אקרי מ"י** והבינה נקראת מי, **דהא לעילא** כי בג"ר של הבינה אי אפשר לשאול, כל שכן לא בחכמה, ולא בכתר, **לית תמן שׁאלה** לא שיך לשאול בהם. **והאי קצה השמים אקרי מ"י** אלו הו"ק דבינה שמתלבשים בז"א, נקראים מי, ואפשר לשאול בהם. **ואית אחרא לתתא** ויש ספירה אחרת למטה שהיא המלכות, וקצה השמים שהוא ז"א מתלבש במלכות, **ואקרי מ"ה** וז"א נקרא מ"ה, כי ז"א נקרא אדם בגימטריא מ"ה, וגם שם מ"ה מאיר בז"א, **מה בין האי להאי** מה ההבדל בין קצה השמים העליונים שהם ו"ק דבינה, לבין קצה השמים התחתונים שנקראים מ"ה, **אלא קדמאה סתימאה** אלה קצה השמים העליון שהוא ו"ק דבינה הם סתומים בז"א, ובגלל זה **דאקרי מ"י** נקראים מי, **קיימא לשׁאלה** ויש בהם שאלה וחקירה, **כיון דשׁאל בר נשׁ** כיון ששואל הן האדם ורוצה להסיג את ו"ק דבינה, **ומפשׁפש** מעיין במלכות, **לאסתכלא** כדי להסתכל מעט בו"ק דז"א המלובשים במלכות, ועל ידי הסתכלות זו **ולמנדע** הוא מסיג ויודע על ו"ק דבינה המלובשים בז"א, **מדרגא לדרגא, עד סוף כל דרגין**, ועולה ממדרגה למדרגה, עד סוף כל המדרגות, **כיון דמטי תמן** כיון שהאדם מגיע עד המלכות הוא נרתע ומשתומם, ושואל, **מ"ה, מה ידעת** בו"ק דבינה המלובשים בז"א, **מה אסתכלתא** בו"ק דז"א

ר"ל התבוננו מפרצוף הנקרא **ב"י**[91] שהיא[92] הבינה, אשר **ברא** את ז"א הנקרא **אלה כו'**, ז"א[93] נקרא אל"ה, מפני שז"א הוא בעל שש קצות, וכל אחד כולל שש קצות ביחד ל"ו קצות אלה, וכל[94] קיומו ונתינת המוחין שלו הוא על ידי הבינה, **כי ב**ספירת **הכתר**]די"ד ע"ד 28[וב**ספירת ה**חכמה **לית תמן שאלה כלל** אי אפשר לשאול ולחקור, ומשבעה[95] תחתונות ד**מבינה ואילך קיימא לשאלה**[96] ומהבינה ולמטה אפשר לשאול ולחקור, **אבל**[97] **איהו בארזז סתים ולא**[98] **אתגליא כלל** אבל

המלובשים במלכות, **מה פשפשתא** בו"ק דמלכות המלובשים בבריאה, **הא כלא סתים כדקדמיתא** הרי הכל סתום, וכל הפרצופים נעלמים ומלבישים זה בזה.
90

ישעיהו מ' כ"ו – שאו מרום עיניכם וראו מי ברא אלה המוציא במספר צבאם לכלם בשם יקרא מרב אונים ואמיץ כח איש לא נעדר.
91

בית לחם יהודה ש"א פ"ה ד"ד ע"ג – מי שהוא לשון שאלה, אבל בג"ר דבינה לית תמן שאלה. ר"ל אין רשות לשאול, כמבואר במאמרי רשב"י דף ו' ע"א)דברי שלום(.
92

ע"ח ח"ב של"ח פ"ב מ"ת דס"א ע"א – ודע כי חצי אימא נקרא מ"י כנודע, וכשמתפשטים כאן בבחינת לאה, שהם אותיות אלה, נעשית אלהי"ם, לפי שבחינותיה העליונות של אימא נקרא מ"י, אבל מחצי תפארת שלה ולמטה **המתלבשין בז"א כנודע, נקרא אל"ה**, וחבור הכל ביחד נקרא אלהי"ם.
93

תרשים ה – י"ט.
94

ע"ח ש"כ פ"ג מ"ת דצ"ו ע"ד – ובזה יובן מה שאמרו רז"ל על פסוק - אדם כי ימות באהל, אין התורה מתקיימת אלא ב**מי** שממית עצמו עליה. כי התורה הוא ז"א כנזכר לעיל, שהוא תורה שבכתב, והקיום שלו הם המוחין, ואין התורה יכול להתקיים להיות לו מוחין המקיים אותו, **אלא על ידי בינה הנקראת מי כנודע**, אשר היא ממיתה עצמה בשביל התורה. כי נה"י שלה מסתלקין האורות שלה, ונשארין כמתים, כלים בלי עצמות, וגוף בלי נשמה, ועושה כן בשביל **התורה שהוא ז"א**, כדי שיתלבשו בתוכה המוחין, שהם הקיום שלו.
95

שער מאמרי רשב"י ד"ו ע"א – והנה כל הג' עליונות נקראים עתיקין, ובינה נקראת עתיקא דקיימא לשאלה, **שיש בה מקום שאלה לדעת שש קצוות הנבראים ממנה, אבל לא לדעת עצמותה**, כי נעלמה מאד. ובבחינת שש קצוות אלו נקראת מ"י דקיימא לשאלה, ובבחינת עצמה נקראת סתים עתיקא, וזה מה שאמר - ומאן איהו מ"י ההוא, דאקרי מקצה השמים לעילא דכולא קיימא ברשותיה, כי מתחילת ז"א דאקרי שמים, **משם מתחילין שש קצוות שבה בבינה**, וזהו מקצה השמים לעילא. ונמצינו למדים כי רישא דז"א שהם חכמה ובינה ודעת הם חג"ת שבבינה, ותרין דרועין דיליה הם נצח והוד שבבינה דאתפשטת עד הוד כנזכר, וזהו סוד כונן שמים בתבונה, כי על ידו נתכונן ז"א. **ואלו השש קצוות הם ימים ראשונים ונקראים מ"י**. וזהו כי שאל נא לימים ראשונים, ואלו שנקראים מ"י, הם שברא אלה שהם שש קצוות אחרות שבתפארת.
96

בית לחם יהודה ש"א פ"א ד"ד ע"ג – ומבינה ואילך קיימא לשאלא. היינו משבעה תחתונות דבינה ולמטה כמו שכתוב - כי שאל נא לימים ראשונים, דשבעה תחתונות דבינה הם נקראים ימים ראשונים. וזה מה שאמר נקראת הבינה **מי**, שהוא לשון שאלה, אבל בג"ר דבינה ליה תמן שאלה. ר"ל אין רשות לשאול, כמבואר במאמרי רשב"י ד"ו ע"א,)דב"ש(.
97

בית לחם יהודה ש"א פ"ה ד"ד ע"ג – אבל איהו בארוח סתים. ר"ל אף על פי שיש שאלה, עם כל זאת אין רשות לחקור בשאלה, רק שואל כלאחר יד, בשאלה סתומה וברמז.
98

גם השאלה וההתבוננות היא בדרך סתומה ולא מגולה וכלאחר יד, **כיון דבטי עד מלכות** כיון שמגיעים למלכות, שבה מתלבש ז"א **הַנִּקְרָא מ"ה, מה פַּשׁפֵּשׁת**[99] הרוחתה במלכות **וּמַה יָדַעְתָּ** בבינה, **הָא כּוּלָא סתים כְּדְבַקְדְמֵיתָא** הרי הכל סתום כבתחילה, כי אין לנו מהות והבנה בכל העולמות הרוחניים, בסוד[100] הפסוק[101] - תולה ארץ על בלי מה.

השמועה השנייה אפשר רק לחקור בשבעה התחתונות, שהם פרצוף ז"א ונוקבא, **ובְבמקומות אֲחֵרים** בספר הזוהר הקדוש לדוגמה בפרשת וארא דף[102] כ"ב ע"א, **עַל פָּסוּק**[103] - **כִּי**[104] **שְׁאַל נָא** כשתבוא לשאול

בית לחם יהודה ש"א פ"ה ד"ד ע"ג – ולא אתגלייא כלל. ואין שום תשובה לשאלתו כלל כי גם בפסוק כי שאל נא לימים ראשונים וכו' לא נזכר שום תשובה.
99

בית לחם יהודה ש"א פ"ה ד"ד ע"ד – מה פשפשת. ר"ל דמשום הכי נקראת **מה**, כלומר מה הרוחת בשאלה זו, מאחר שאין תשובה לשאלתך.
100

ספר יצירה פ"א משנה ג' – עשר ספירות **בלימה עשר ולא תשע עשר ולא אחת עשר**, הבן בחכמה וחכם בבינה, בחון בהם וחקור מהם והעמד דבר על בורייו והשב יוצר על מכונו.
101

איוב כ"ז ז' – נטה צפון על תהו תלה ארץ על בלי מה.
102

ספר הזוהר וארא דכ"ב ע"א עם הסבר ותרגום – **בגין כך** לפי שז"א כולל את כל הברכות, צריך האדם להשים בטחונו בז"א הנקרא הוי"ה, כמו שכתבוד **בטחו בהוי"ה עדי עד, דהא מתמן ולעילא** כי מז"א ולמעלה, שהם פרצופי או"א, וא"א ועתיק שהם כח"ב, **אתר טמיר וגניז איהו** הוא מקום סתום וגנוז, **דלא יכיל לאתדבקא** ושום אדם או נביא יכול להסיג אותו, **אתר הוא דמניה נפקו ואצטיירו עלמין** מקום שממנו יצאו ונצטיירו העולמות זו"ן, כלומר או"א הוציאו את זו"ן, **הדא הוא דכתיב כי בי"ה הוי"ה** זה שכתוב כי בי"ה הוי"ה, כי י"ה הם או"א, הוי"ה הוא א"א המלובש בתוך או"א, ודרכם ועל ידם **צור** שהוא הא"ס הוציא את **עולמים** שהם זו"ן, **והוא אתר גניז וסתים** מקום א"א הוא מקום גנוז וסתום, **ועל דא** ועל זה כתוב **בטחו בהוי"ה עדי עד**, כלומר **עד הכא אית רשו לכל בר נש לאסתכלא ביה** עד מקום שיש לבן האדם להסתכל, ומקום זה הוא ז"א, ועד שם שיך עניין התפילה, בקשה וביטחון, **מכאן ולהלאה לית ליה רשו לבר נש לאסתכלא** מכאן ולמעלה בא"א ובאו"א שהם כח"ב, אין רשות לבן האדם להסתכל ולהתבונן, **ביה דהא איהו גניז מכלא** כי הוא גנוז וסתום מכל השגה, **ומאן איהו י"ה הוי"ה** ומי הוא י"ה הוי"ה, שהם א"א ואו"א, **דמתמן אצטיירו עלמין כלהו** שם נצטיירו כל העולמות שהם זו"ן, **ולית מאן דקאים על ההוא אתר** ואין מי שיעמוד על אותו מקום ולהשיג אותו. **אמר רבי יהודה,** **קרא אוכח עליה** הפסוק מוכיח שאסור לדרוש ולחקור מעל פרצוף ז"א, כי גתוב, כי **שאל נא לימים ראשונים וגו', עד הכא אית רשו לבר נש לאסכלא** עד ז"א שהוא כלול מחג"ת נה"י, שהם סוד ששת ימי בראשית ומותר לחקור, להתבונן ולדרוש, **מכאן ולהלאה לית מאן דיכיל למיקם עליה** מז"א ולמעלה שהם פרצופי א"א ואו"א, אין מי שיכול לעמוד עליו ולהשיגו.
103

דברים ד' ל"ב – כי שאל נא לימים ראשונים אשר היו לפניך למן היום אשר ברא אלהי"ם אדם על הארץ ולמקצה השמים ועד קצה השמים הנהיה כדבר הגדול הזה או הנשמע כמהו.
104

גמרא חגיגה די"ב ע"א – מנא הני מילי, דתנו רבנן, דתנו רבנן **כי שאל נא לימים ראשונים**, יחיד שואל, ואין שנים שואלין. יכול ישאל אדם קודם שנברא העולם, תלמוד לומר - למן היום אשר ברא אלהי"ם אדם על הארץ. יכול לא ישאל אדם משעת ימי בראשית, תלמוד לומר - לימים ראשונים אשר היו לפניך. יכול ישאל אדם מה

ולדרוש, אין לך רשות לשאול בג"ר, אלא רק **לימים ראשוֹנים**[105], **אבֹר** רק בשבעה התחתונות, **שֶהֵם מזזֹסֵד ואֵילך**[106] שהוא פרצוף ז"א, ורק בו מותר לשאול, **אבֹל למֵעֵלֹה מִשם, אֵין שֵׁאֵלֹה בֵגֵֵ"ר** שהם פרצופי א"א או"א.

ועוד חיזוק לשמועה השנייה, **גֵֵם אֵמרו בֵתיקוֹנים** תיקוני הזוהר **תיקוֹן כֵ"ב דף** לא גורסים **סֵ"ב** אלא **צריך לגרוֹס סֵ"ח**[107] ע"ב **כֵתֶר עֵליוֹן דֵא אֵיהֹו שֵֹׁלֹימו דֵנ' שֵׁעֵרֵי בֵינֹה,** הכתר[108] עליון הוא שלמות חמישים שערי בינה, **וֹדֵא אֵיהֹו דֵלֹא אֵתֵייהֹב לֹמֹשֵׁה** הוא[109] לא ניתן למשה, כי משה הסייג עד השער מ"ט דבינה, **דֵעֵלֹיֹה**[110] **נֵאמֵר - נֵֵתֵיב לֹא יֵֵדֵעֹו עֵֵיֹט. וֵֵעֵֵלֹיֹה אֵמֹרֹו**[111]

למעלה, ומה למטה, מה לפנים, ומה לאחור, תלמוד לומר - ולמקצה השמים ועד קצה השמים. למקצה השמים ועד קצה השמים אתה שואל, ואין אתה שואל מה למעלה, מה למטה, מה לפנים, מה לאחור.
105

הגהות וביאורים)ד(– בכתב יד ליתא מילת אמר.
106

ברכת הרי"ח, פרשת בהר – ובכל ארץ אחוזתכם גאלה תנו לארץ. נראה לרמוז בס"ד, כי ידוע **שש קצוות שהם חג"ת נה"י, הם נקראים אלה,** בסוד - מי ברא אלה. ר"ל **מי הבינה ברא אלה, הם ו"ק.** ונקראו משני טעמים, האחד הוא כי הם כל אחד כלול מן הששה, הרי הם מספר ל"ו, כמניין אלה. ועוד אלה הם א"ל שהוא חסד, ואות ה' הם החמשה הנשארים.
107

תיקוני זהר, תיקון כ"ב דס"ח ע"ב עם תרגום והסבר - **כתר עליון דא איהו שלימו דחמשין שערי בינה** כתר עליון הוא שלמות חמישים שערי בינה, **ודא איהו דלא אתייהיב למשה** ושער החמישים שהוא הכתר לא ניתן למשה, כי משה זכה למ"ט שערי בינה, **דעליה אתמר** ועל הכתר נאמר **נתיב לא ידעו עיט** גם המלאכים שנמשלו לעופות, שהגדול שבהם הוא העיט, לא הסיגו את שער החמישים, **ועליה אמרו זכרונם לברכה** במסכת חגיגה **במופלא ממך אל תדרוש וכו',** **בגין דאיהו מקור דלית ליה סוף** כי הכתר הוא מקור של כל האורות וההשפעות שאין לו סוף, **ובמקור דלית ליה סוף מאן יכיל לאשגא ולאשכחא ליה** ומקור שאין לא סוף מי יכול להסיג אותו, או למצוא אותו, כי הוא טמיר ונעלם.
108

שער הכוונות, דרושי חג השבועות, דרוש א' דפ"ט ע"א – ובהגיע אשמורת הבוקר מעט קודם עלות השחר, בעת שמשחירין פני הרקיע במזרח, אשר אז נקרא אילת השחר כנודע. אז צריך שתטבול במקוה, ותכוין אל המקוה העליון **שהוא כתר עליון דז"א, הנמשך לו בלילה הזה, והוא נקרא שער החמשים.** כמו שכתוב ועליו נאמר וזרקתי עליכם מים טהורים כו'. ועל ידי כך אנו מקבלים תוספת קדושה מבחינת הכתר הזה. וטעם הדבר הוא לפי שאנחנו בלילה הזה עושים שני דברים, האחד הוא **להמשיך את כתר העליון דז"א על ידי עסק התורה כנזכר,** ואחר כך באשמורת הבוקר אנו נעשים שושביניים דמטרוניתא רחל, נוקבא דז"א, ומוליכין את הכלה הכלולה לבית הטבילה, וטובלת במקוה העליון הנזכר, שהוא הכתר הנזכר. וגם אנחנו שושבינין דילה טובלים עמה... ואחר כך על ידי תפלת שחרית ומוסף דיום שבועות ממש, אז היא עולה כמוהו, ואז הם מזדווגים יחד כנזכר לעיל..... **ולכן הכתר של ז"א נקרא שער החמשים של בינה,** כנזכר בספר התיקונים.
109

גמרא ראש השנה דכ"א ע"ב – חמישים שערי בינה נבראו בעולם, וכולן ניתנו למשה חסר אחד, שנאמר ותחסרהו מעט מאלהי"ם.
110

איוב כ"ח ז' – נתיב לא ידעו עיט ולא שזפתו עין איה.
111

33

רז"ל - **במופלא ממך** שהוא פרצוף עתיק **אל תדרוש, ובמכוסה ממך** פרצוף א"א **אל תחקור, אין לך עסק בנסתרות** בנוקבא דעתיק ונוקבא דא"א, **במה שהורשית התבונן.**

יש עוד חיזוק לשמועה השנייה **ובריש האי** בתחילת **תיקון כ"ב**[112] דף ס"ג ע"ב **קאמר** אמר **הנסתרות, דא אינון או"א, וכו',** אלו הם או"א, יוצא לפי שמועה זאת **הרי כי בג"ר** שהם[113] אותיות י"ה דהוי"ה, והם פרצופי א"א ואו"א **אסור לדרוש ולחקור בהם** כמו שכתוב – הנסתרות להוי"ה אלהינ"ו, **כאשר**[114] **תמצא** פסוק זה שמבואר **בפסק** שכתב **הגאון רבי יצחק דלטאש** שנתן הסכמה להדפסת ספר הזוהר הקדוש במהדורה הראשונה דשנת שי"ח)שנת 1558(, ופסק להדפיס את ספר הזוהר הקדוש, ומצוה לפרסם את סודות התורה, ופסק זה נדפס **בתחילת ספר הזוהר** הקדוש, **עיין שם בישוב זה המאמר** של הזוהר **וכאלה רבים.**

והרי בכל ספר הזוהר, ובפרט בשתי האדרות שהם אדרא רבא ואדרא זוטא, **ובתיקונים** תיקוני זהר, **הפליא** רשב"י וחבריו **לדבר בג"ר** שהם כח"ב, ופרצופי א"א ואו"א, כאשר באדרא רבא מבאר רשב"י וחבריו את בחינת פרצוף א"א, ז"א ונוקבא, ובאדרא זוטא את פרצופי או"א, **ואיך בהקדמת הזוהר** ספר הזוהר הקדוש **אמר בהיפך** ממה שכתוב באדרות ובתיקוני הזוהר.

גמרא חגיגה די"ג ע"א – במופלא ממך אל תדרוש ובמכוסה ממך אל תחקור במה שהורשית התבונן אין לך עסק בנסתרות.
112

תיקוני הזוהר, תקון כ"ב דס"ג ע"ב עם הסבר ותרגום – **ובה גניזין אבא ואימא** ובהם גנוזים או"א, כלומר או"א גנוזים תוך פרצופי זו"ן, **ודא איהו** ועל פרצופי או"א נאמר, **הנסתרות להוי"ה אלהינ"ו,** והם אותיות **י"ה,** והם האותיות משם הוי"ה הרומזות לפרצופי או"א, **ודא אינון סתירין וגניזין** ופרצופי או"א נסתרים וגנוזים בתוך פרצופי זו"ן, **ואינון סתרי דאורייתא ממש** והם סוד סתרי תורה, שהם שתי תורות, תורה שבכתב הוא ז"א, ותורה שבעל פה היא הנוקבא, **ובגין דאינון סתירין** ובגלל שאו"א נסתרים בתוך זו"ן, כלומר זו"ן מלבישים עלהם, **צריך דלא לגלאה לון** צריך להזהר לגלות את פרצופי או"א, כלומר לחקור בהם, **ודא איהו רזא דעריין** וזה סוד מצוות גלוי עריות שבתורה, **דאתמר בהון** שנאמר בתורה - **ערות אביך וערות אמך** הרמזים לפרצופי או"א **לא תגלה, לא תגלה ודאי מן כסויא דלהון** לא תגלה אותם מהכיסוי שלהם, כלומר אל תחקור בהם.
113

ע"ח ח"ב ש"מ דרוש י"ג מ"ב דפ"ה ע"ג – כנודע שאין הוי"ה כוללת עשר ספירות, כי קוץ של י' כתר של אותו היכל, י"ה או"א, ו' ו"ק, ה' מלכות.
114

כרם שלמה ש"א ענף ה' אות ז' – ומה שכתב, כאשר פסק הגאון רבי יצחק דלטאש. כי רבי יצחק גאון ומקובל גדול, שעשה הקדמה לספר הזוהר, איך הותר להדפיס אותו, ולהוציאו לאויר העולם. כי אחד היה מקשה מכמה מקומות שאסור לגלות סתרי תורה, ואיך מותר להדפיס ספר הזוהר. והביא ראיה מן הפסוקים האלה, שכתוב - **במופלא ממך אל תדרוש, ובמכוסה ממך את תחקור, אין לך עסק בנסתרות, במה שהורשית התבונן.** והוא רבי יצחק דלטאש עשה פסק, והשיב לזה המקשה, וישב כל קושיותיו, **ופסק שמותר להדפיס ספר הזוהר בימינו, ולגלות הסודות בימינו אלה,** ואם תרצה תקרא בימינו לשונו, הלא הוא בריש ספר הזוהר, עיין שם. ועשה ישוב לזה המאמר של אין לך עסק בנסתרות.

והשמועה השלישית שֶׁאֲפִילוּ הַזְּכִירָה בַּמַּלְכוּת דא"ק שהיא אַחֲרוֹנָה, עָלֶיהָ אִתְּמַר מַה שֶׁאָמְרוּ רַזַ"ל - מַה פָּשׁוּטָה בְּמַלְכוּת וּמַה יְּדִעַת בְּמלכות וְכוּ', ר"ל בדרך[115] כלל המלכות נקראת שם ב"ן, עם[116] כל זאת לפעמים המלכות נקראת שם מ"ה, כאשר מקבלת שפע מז"א הנקרא שם מ"ה.

הרב ז"ל מתרץ את הסתירות שיש בספר הזוהר הקדוש. כי[117] באמת אין שום סתירה, ולהבין את דברי קודשו צָרִיךְ לֵדַעַת כי א"ק הוא שורש העולמות, וכל העולמות שהם אח"פ ואבי"ע, יוצאים ומסתעפים ממנו, ומקבלים דרכו את השפע שלהם.

אֲבָל הָעִנְיָן הוּא כָּךְ, וּמוּבָן מהקדמה ראשונה בַּמֶּה שֶׁמְּבוֹאָר בַּעֲנָף[118] ד' דשער זה עִנְיַן א"ק שתופס את כל בחינת החלל, וְאֵיךְ כָּל הָעוֹלָמוֹת הֵם עֲנָפִים וּמִסְתַּעֲפִים מִמֶּנּוּ, עַד[119] שֶׁנִּמְצָא כִּי עוֹלָם הָאֲצִילוּת אֵינוֹ רַק לְבוּשׁ אֶל שליש[120] תחתון דתפארת ונֶהַ"י דא"ק, שֶׁהֵם בְּחִינַת רַגְלָיו של א"ק לְבַד, ר"ל ממקום[121] הטבור דא"ק עד קרקע האצילות.

ע"ח שֶׁ"י פ"ג מ"ג דמ"ט ע"א – והענין כי הם בחינת מ"ה ומ"ב הנזכר לעיל, והשתא נקרא מ"ה אדם, לפי שאדם כולל זו"ן. ולכן תמצא כי שם מ"ה בגימטריא אדם. ואם תאמר וְהָלֹא בְּשֵׁם מ"ה לֹא נַעֲשָׂה רַק הַזְּכוּרִין שֶׁבַּאֲצִילוּת, וּבְחִינַת הַנּוּקְבָא נַעֲשָׂה מִשֵּׁם בּ"ן, ואיך נקרא אדם. והענין הוא. כמו שמבואר כי שם מ"ה בצאתו היה מברר משם ב"ן, ומחברו אליו, ונתקן עמו. ונמצא כי אז היה אור הנוקבא טפל אליו, והיה יונק ממנו, כדמיון הבן עם הבת שהכל נקרא על שם הבן, והוא יורש הכל, ואינו נותן לבת מה שיוטב בעיניו כרצונו.

ע"ח ח"ב שֶׁכ"ט פ"ח מ"ב דכ"ה ע"ב – וזה שכתוב בפרשת בראשית גם כן – דכד אתי אבר מאברהם אתהדר ברא ונעשה אבר ואתגלייא האי אבר. והענין כי על ידי האור ההוא שלקח אברהם נתקן האבר הקדוש, המזדווג עם המלכות, הַנִּקְרָא מ"ה, לכן כֹּחַ שְׁנִיָּהֶן נִרְמָז בּוֹ אֶבֶר מ"ה אברהם, כי הוא המתקנם. ואמרו - אתגלייא האי אבר, מורה על מה שמבואר כי על ידיו (בליטתו לחוץ, נגלית) בולט מרוב האור ולא שוקע, כמו של נקבה.

כֶּרֶם שְׁלֹמֹה שֶׁ"א ענף ה' אות ז' – נחזור לעניננו, כי כוונת הרב ז"ל כאן להקשות, כי במקום אחד מספר הזוהר והתיקונים מובן שאסור לדרוש ולחקור על ענין הג"ר, שהם כתר חכמה בינה. וממרום אחר נראה שבג"ר מותר לחקור ולדרוש. ותירץ, כי במקום שמובן שאסור לדרוש ולחקור על עניין הג"ר, הם הג"ר של א"ק, שהוא עליון ונעלם מאד, ובמקום שמוכרח שמותר לדרוש ולחקור בג"ר, הם בג"ר דאצילות, שכל כללות עולם האצילות הוא בחינת מלכות דא"ק, ולכן מותר לדרוש ולחקור ולהבין בו. אבל לא בכולו, אלא במקצתו, כמו שכתב, אבל אינו אלא בארח סתים, כי אפילו במלכות נאמר מה פשפשת, מה ידעת, וזהו דרך כללות ענין כוונת הרב ז"ל.

ע"ח שֶׁ"א ענף ד' די"ג ע"ב – ובראשונה נתחיל לבאר פרט אחד, אשר הוא כולל ותופס כל מקום החלל הזה, אשר מן פרט זה מתפשטים כל העולמות כולם, ובו נתלים, ונאחזים, וממנו הם יוצאים ונתגלים בחוץ כמו שנבאר בע"ה. אמנם הפרט הזה הוא נקרא בשם א"ק לכל הקדומים, אשר הוא קודם לכל הנמצאים, כמו שנבאר בע"ה, ולרוב מעלות הא"ק, ולרוב גודל מעלתו והעלמו, לא שלחו בו יד להתעסק בספר הזוהר, כי אם בקצת מקומות מועטים, ואף גם זה היה בדרך העלם גדול.

כבר נתבאר כי[122] שיעור קומה של כל עולם, או פרצוף, או ספירה, מתחלק להוי"ה פרטית, לעסמ"ב פרטי, לפרצופים פרטים, לספירות פרטיות, ולעולמות פרטיים דאותה בחינה. וכן[123] שיעור קומת א"ק מתחלק לעסמ"ב, כאשר ע"ב הוא בחכמה דא"ק, ס"ג בבינה דא"ק, מ"ה בו"ק דא"ק, ב"ן במלכות דא"ק. **עוד צריך לדעת** כי חכמה דא"ק היא שורש לעולם האצילות, בינה דא"ק שורש לעולם הבריאה, ו"ק דא"ק שורש לעולם היצירה, מלכות דא"ק שורש לעולם העשיה. צריך לדעת כי אפילו שאמרנו כי כל עולם האצילות מלביש את תנה"י דא"ק, שורש עולם האצילות הוא בחכמה דא"ק, שורש עולם הבריאה הוא בבינה דא"ק, שורש עולם היצירה בו"ק דא"ק ושורש העשיה במלכות דא"ק.

וכבר ידעת בהקדמה השנייה **כי עולם העשיה** דא"ק **הוא נגד המלכות** [צריך לגרוס דא"ק], **אשר מקומה היה אזור באזור עם ז"א**[124] דא"ק[125] **בתנה"י שלו לבד**

בית לחם יהודה ש"א פ"ה ד"ד ע"ד — עד שנמצא כי עולם האצילות אינו רק לבוש אל נה"י דא"ק שהם בחינת רגליו לבד. וכבר ידעת כי עולם העשיה הוא נגד המלכות, אשר מקומה היא נגד אחור באור עם ז"א, בתנהי" שלו לבד. נמצא כי עולם האצילות אינו אפילו בערך עולם עשיה, שהיא מלכות דא"ק. נמצא כי כל עסקינו בספר הזוהר בעולם האצילות, אפילו בג"ר אינו אפילו בחינת עולם עשיה וכו' כנזכר לעיל. ודקדק רז"ל בלשונו שבתחלה אמר נה"י, ואח"כ אמר תנה"י, לפי שיש הפרש בין נה"י לתנה"י. כי משליש התחתון דתפארת ולמטה, התפארת הוא בכלל הנה"י, ואינו עולה התפארת שעמהם בשם בפני עצמו, לפי שאינו כי אם מיעוט ספירת התפארת, שהיא שליש האחרון לבד, או לפי שבו תקועים ראשי הנה"י, כמו שכתב בפרק ב' דשער כ"א ד"ה ד"ה אבל ז"א, יעו"ש. והיינו דקאמר רז"ל שהם בחינת רגליו לבד וכו'. וכך כתב בענף ד' דלעיל ז"ל — ומקום מצבן ומעמדן הן מטבור דא"ק הזה עד סיום רגליו, שהמקום הזה נקרא כללות נה"י דא"ק וכו'. אבל התנה"י הוא מחזה דתפארת ולמטה, שהוא רובו של התפארת, או לפחות הוא מחצי התפארת ולמטה. והנה עתיק דאצילות שהוא בחינת המלכות דא"ק, מלביש על א"ק מחצי התפארת ולמטה, ולא מחזה דא"ק, לפי שעולם העקודים הם מסתיימין בחצי התפארת דא"ק, וההשעה תחתונות דעתיק הם מתלבשין בעולם האצילות, המלבישין על נה"י דא"ק, וג"ר דעתיק הם למעלה מאצילות נשארים מגולים. ואם העתיק שהוא מלכות דא"ק, הוא בחינת עשיה, אם כן כל עולם האצילות אינם אפילו בערך עשיה, שהיא מלכות דא"ק, שהרי אינם מלבישין על כל עתיק, אלא על השבעה תחתונות שלו בלבד. ואם כן אין אנחנו עוסקין אפילו במלכות דא"ק, שהיא עתיק רק בדרך שאלה בלבד, כי מטעם זה אמר באדרא זוטא דף רף"ח - ועליה כתיב ברח לך אל מקומך וכו', ועל מלכות דא"ק הוא מאי ואמר בזאת הנזכר, כיון ומטי עד מלכות, **הנקראת מה**, הא כולא סתים כקודמיתא. ועיין במהדורה קמא בזאת הנזכר, שכתב ומה שדבר רז"ל באורות אח"ף, לא דבר כי אם בענפים היוצאים לחוץ, אבל באור הפנימי דא"ק, אסור לדבר כנזכר לעיל בסוף ענף ב', שכתב - אבל בבחינת פנימיות עלמות של אדם זה, אין לנו רשות לדבר בו ולהתעסק כלל, יעו"ש. ועיין בשער הקדמות דף ה' רייש ע"א שכתב - **נמצא כי עולם האצילות כולו הוא בחינת עולם העשיה, בערך מלכות דא"ק וכו'**, ונראה לעניות דעתי שצרך לגרוס **כערך**, באות כ' ולא באות ב', וכלום ואין אנו עוסקים במלכות דא"ק עצמה, רק באצילות המלבשת עליה, ובחינה זו יהיה פירושו כדהכא.
120

תרשים ה – כ.
121

תרשים ה – כ"א.
122

ע"ח ש"ט פ"א ד"ת ד"מ ע"ד — ואם תסתכל תראה איך שם ע"ב הוא במוחין, והוא נקרא טעמים, והוא נקרא אצילות. אחר כך הטעמים של ס"ג הוא בבריאה, והנקודות שלו ביצירה, והם סוד מלכים שמתו, כי הנקודות הם בחינת זו"ן, שהם יצירה ועשיה.
123

תרשים ה – כ"ב.
124

הגהות וביאורים)ה(— מהר"ם מיטראן ז"ל בספר כתב יד, בנה"י שלו לבד. נמצא כי כל עולם האצילות הוא בחינת עולם העשיה, בערך מלכות דא"ק, ונמצא כי כל עסקינו בספר הזוהר באצילות, אפילו בג"ר שבו, אינו

ר"ל המלכות דא"ק מגיעה[126] עד הטבור דא"ק, וכן[127] הוא בכל שיעור קומה, **נמצא כי** כל **עולם האצילות** עם[128] כל הפרצופים דיליה, **אינו** [צריך[129] לגרוס **אלא** (ל"ג **אפילו**) בערך עולם עשיה** דא"ק, **שהוא מלכות דא"ק**[130]. **נמצא כי כל עסקינו** ומה שמותר לנו להתבונן ולחקור, כמו שכתוב **בספר הזוהר** הקדוש **בעולם האצילות** בלבד, שהוא הבחינה **החיצונית דמלכות דא"ק**, ולא במלכות דא"ק עצמה, כי **אפילו בג"ר** דאצילות, שהם כחב"ד, **אינו** [צריך לגרוס **רק**] (לא גורסים **אפילו**) בבחינת עולם עשיה דא"ק, שהוא מלכות דא"ק, אבל בג"ר **דא"ק**[131] **אסור** לשאול לדרוש ולחקור ולעשות כן[132], **ואפילו במלכות דא"ק שהוא בבחינת עשיה** דא"ק אסור לחקור, עליה נאמר - מה פשפשת מה ידעת.

עד כאן תירץ הרב כי אי אפשר לחקור אפילו במלכות, והכוונה היא **למלכות דא"**ק. עם כל זאת אפשר לחקור ולדרוש בג"ר, הכוונה היא **בג"ר דאצילות**. הרב ז"ל לא תירץ את השאלה האם אפשר לשאול ולחקור בבינה, תירוץ זה מבואר בשער[133] מאמרי רשב"י.

רק עולם העשיה בערך א"ק, **ודי למבין, כי הדברים סתומים וחתומים**, וכך ראיתי כתוב בשער ההקדמות א"ה דף ח"י.
126

תרשים ה – כ"ג.
127

גמרא בבא מציעא דנ"ט ע"א – אמר לו רב פפא לאביי, והא אמרי אינשי)מה שאומרים האנשים(- איתתך גוצא)אישתך נמוכה(, גחין)תתכופף(ותלחוש לה.
128

ע"ח ח"ב של"ט דרוש ו' מ"ב דע"ב ע"ב – גם הטעם שתחלה שיעור קומת הנוקבא הוא בארבע ספירות התחתונים דז"א, שהם תנה"י.
129

תרשים ה – כ"ד.
130

בעץ חיים כתב יד של מרן הרש"ש כתוב – **אלא**.
131

נהר שלום דל"ח ע"ד - ויעקב ורחל הננסרים בראש השנה ויום הכפורים, הם כללות **כל עולם האצילות**, עם כל בי"ע הנקרא יעקב, בערך כללות א"ק כנודע.
ע"ח ש"ו פ"א מ"ת דכ"ד ע"ג – פירוש הענין, כי הנה כתיב וארא בחלום והנה העתודים העולים על הצאן, עקודים, נקודים, וברודים, וגם כתיב כי ראיתי את כל אשר לבן עושה לך. ובפסוק זה רמוז כל בחינות אלו שאנו מדברים בכאן, כי לבן הוא סוד לובן העליון]**אח"י** - ר"ל א"ק[אשר הוא קודם כל האצילות הזה, והוא)היה(העושה כל אלו הבחינות שהם עקודים, נקודים, ברודים, **לצורך האצילות שיאציל אחריהם, אשר הוא נקרא בשם יעקב.**
131

הגהות ובאורים)ו(– נוסחה אחרת, לדרוש ולית שם שאלה כלל.
132

הגהות ובאורים)ז(– מן ואפילו במלכות, עד העשיה ליתא בכתב יד.
133

הרב ז"ל מבאר כאן **הקדמה חשובה ויקרה**, על אופן חלוקת שם הוי"ה ברוך הוא בעשר ספירות שבכל שיעור קומה, **צריך לדעת כי**[134] כל עולם, או פרצוף, או ספירה ושיעור קומה בכללותו הוא שם הוי"ה. כאשר **קוץ של יו"ד** דשם הוי"ה הוא א"ק בעולמות, פרצוף א"א, וכתר בספירות. אות **י'** דשם הוי"ה הוא עולם האצילות, פרצוף אבא)או"א עילאין(, וחכמה בספירות. **ה'** הראשונה דשם הוי"ה הוא עולם הבריאה, פרצוף אימא)או"א תתאין, או ישסו"ת(, ובינה בספירות. אות **ו'** דשם הוי"ה הוא עולם היצירה, פרצוף ז"א, וחג"ת נה"י בספירות. אות **ה'** האחרונה דהוי"ה הוא עולם עשיה, פרצוף נוקבא, וספירת המלכות. **ועוד צריך לדעת** כי כל עולם מורכב מחמש פרצופים שגם הם הוי"ה פרטית דאותו פרצוף מתחלקת. כאשר **קוץ של יו"ד** דהוי"ה הוא פרצוף א"א. אות **י'** דהוי"ה הוא פרצוף אבא. אות **ה'** הראשונה דהוי"ה הוא פרצוף אימא, אות **ו'** דהוי"ה הוא פרצוף ז"א. ואות **ה'** האחרונה דהוי"ה הוא פרצוף נוקבא. **זאת ועוד** כי בכל פרצוף מורכב מעשר ספירות, שהם הוי"ה יותר פרטית. כאשר **קוץ של יו"ד** דהוי"ה הוא ספירת הכתר. אות **י'** דהוי"ה ספירת החכמה. אות **ה'** דהוי"ה ספירת הבינה, אות **ו'** דהוי"ה הם ספירות חג"ת נה"י. ואות **ה'** האחרונה דהוי"ה ספירת המלכות.

עוֹד צריך שֶׁנקדים לך הקדָמה אזֹאת, והֹוא כי כל הֶעֶשֶׂר ספירות הכֹולֹלות כל עֹולם וְעֹולם דא"ק ואבי"ע, הֶנֶה בכללות יזֹד כֹולם כאֹזֹאת, ר"ל[135] כל עשר ספירות של כל עולם ועולם, הוא **בזֹוזֹינת הֹוי"ה אזֹאת, בכל מקֹום** ובכל פרט ופרט שבנאצלים, **שֶׁהֹוא בין בכללות** א"ק ואבי"ע[136], **בין בפרטֹות** בפרצופים[137], או[138]

שער מאמרי רשב"י, פרשת בראשית ד"ו ע"א – בראשית רבי אלעזר פתח - שאו מרום עיניכם וראו מי ברא אלה. שאו מרום עיניכם, לאן אתר, לאתר דכל עינוי תליאן ליה. ומאן איהו, פתח עינים הנה פתח עינים תקרא המלכות. כי לאותו פתח כל עיני התחתונים מייחלות, לקבל ממנו שפע, והוא הנקרא מרום. שהעינים צופות לה לקבל שפע ממנה. ולזה אמר שאו מרום עיניכם, ותמן תנדעון, דהאי סתים דקיימא לשאלא, ברא אלה. ומאן איהו, מי, ההוא דאיקרי מקצה השמים לעילא דכולא קיימא ברשותיה כו'. הנה השש קצוות נאצלו בחכמה, ונבראו בבינה, ונוצרו בתפארת, ונעשו במלכות, ולפיכך אמר ברא אלה בסוד בריאה. ומן המלכות, כאשר יראו כי שם נתגלו השש קצוות גילוי רב בסוד עשיה, **ידעו כי בבינה הנקראת מ"י**, נהיו השש קצוות בסוד בריאה. והנה כל השלוש עליונות, נקראים עתיקין. ובינה נקראת עיתיקא דקיימא לשאלא, שיש בה מקום שאלה, לדעת שש קצוות הנבראים ממנה, אבל לא לדעת עצמותה כי נעלמה מאד. ובבחינת שש קצוות אלו, נקראת מ"י דקיימא לשאלה ובבחינת עצמה, נקראת סתים עתיקא וזה מה שכתוב ומאן איהו, **מ"י**, ההוא דאיקרי מקצה השמים לעילא, דכולא קיימא ברשותיה, כי מתחילת ז"א דאיקרי שמים. משם מתחילין שש קצוות שבה בבינה, וזהו מקצה השמים לעילא. ונמצינו למדים, כי רישא דז"א שהם חכמה ובינה ודעת, הם חג"ת שבבינה, ותרין דרועין דיליה, הם נצח והוד שבבינה, דאתפשטת עד הוד כנזכר. וזהו סוד כונן שמים בתבונה. כי על ידה נתכונן ז"א. ואלו השש קצוות, הם ימים ראשונים, ונקראים מ"י. וזהו כי שאל נא לימים ראשונים. ואלו שנקראים מ"י, הם שברא אלה, שהם שש קצוות שבתפארת.
134

כרם שלמה ש"א ענף ה' אות ז' – כי בעלמא ידוע שכל עולם ועולם, הם נחלקים לחמשה פרצופים, שהם א"א ואו"א וזו"ן. ואלו החמשה פרצופים נקראים חמשה עולמות א"ק ואבי"ע. א"א הוא בחינת א"ק של אותו עולם. ואבא הוא בחינת אצילות שבאותו עולם. ואימא הוא בחינת בריאה שבאותו עולם. וז"א הוא בחינת יצירה של אותו עולם. ומלכות [**אח"**י - נראה לעניות דעתי צריך לגרוס **ונוקבא**] היא בחינת העשיה של אותו עולם.
135

תרשים ה – כ"ה.
136

תרשים ה – כ"ו.
137

תרשים ה – כ"ז.
138

בספירות **כנזכר לעיל.** גם **יוצא מכל** הוי"ה אחת, מכל **אות ואות** דאותה הוי"ה, יוצא **מהם הוי"ה אחזת** בכל פרט ופרט בנאצלים.

הרב ז"ל מבאר את חלוקת שם הוי"ה לספירות, **גם צריך לדעת** כי[139] לכל הוי"ה יש ניקוד פרטי. יש ספירה אחת שהרב ז"ל לא מזכיר אותה כאן, והיא ספירת הדעת, הוי"ה בניקוד מוצ"א, כזה - יְהֶוָ"ה, הנקרא[140] השם המפורש. וספירת[141] הדעת היא נשמת הו"ק.

והנה קוצו של יו"ד שבאותה הוי"ה הוא ספירת הכתר, ומפני[142] הכתר הוא נעלם, אי אפשר לרמוז אותו באות שלימה, והוא קמוץ, וניקוד[143] ההוי"ה דכתר בקמץ כזה - הָוָ"ה.

ויו"ד דהוי"ה של כל שיעור קומה **עצמה, הוא בחזינת חכמה,** והחכמה היא ראשית ותחילת הגילוי, ונרמזת באות י' שהיא נקודה קטנה, והיא גם בבחינת העלם גדול, וניקוד[144] החכמה הוא בפתח כזה - הַוַ"ה.

תרשים ה – כ"ח.
139

תרשים ה – כ"ט.
140

ע"ח ח"ב שמ"ד פ"ג מ"ת דצ"ח ע"ב – הדעת יש בו סוד שם המפורש, והוא סוד שם המפורש הנזכר בכל מקום, **וזכור זה.** והוא הוי"ה, ונקודו בתנועת אותיותיו כנודע, י' בחולם, נשמה לנשמה. **ה'** בציר"י נשמה. בפנימי. **ו'** בקמץ רוח, האמצעי. **ה'** בציר"י בחיצון נפש.
141

ע"ח ש"ט פ"ג מ"ת דמ"ג ע"ד – כי הנה הדעת הוא כולל כל הו"ק, **והוא נשמה להם,** כנודע.
ע"ח ח"ב שכ"ה דרוש ב' מ"ב כלל ט"ז ד"ז ע"ג – דע **שהדעת הוא נשמת ו"ק,** ודע ששורש המשה חסדים נשארין בדעת תמיד, אך ענפיהם הם החסדים המתפשטים בו"ק, ואלו הענפים הם המגדילין את ז"א מבחוץ כנזכר לעיל. והם מבחוץ, ושרשם מבפנים, ומקבלין הארה משרשם דרך מחיצות שביניהן, ומגדילין לגופא דז"א עצמו.
מבוא שערים ש"ב ח"ב פ"ה ד"ז ע"ג – וגם כי **הדעת הוא נשמת הו"ק.**
שער ההקדמות, דרוש בסדר ירידת ז' מלכים ונפילתם דכ"ב ע"ב – ואם לסיבת היות הדעת **בחינת נשמה אל הששה קצוות** כנודע, והוא כולל כולם.
שער מאמרי רשב"י ד"ל ע"א - ודע כי זה שאמרנו ד**נשמת תפארת הוא דעת** הגנוז בבינה, וזכה לו משה, היינו נשמתא לגופא, **לשש קצוותיו** לבד.
142

ע"ח סוף ח"ב, כללים שעשה הרח"ו ז"ל דקי"ו ע"ב – דע שמציאת כתר הנקרא א"א, שמלובש בלבוש הנקרא חכמה סתימאה לעצמו, אין צריך רק בחינת כתר כלולה מעשר, להיות למעלה מן הכל, ונתפשט לעשר מדרגות גלויות בפועל ולא בכח, ולצורך התחתונים נתגלה בחו"ב, כדי להלביש חכמה באבא, ובינה באימא, **ונשאר כתר העליון למעלה נעלם,** בסוד רישא תניינא כדפירוש באדרא.
143

ע"ח ח"ב שמ"ד פ"ג מ"ת דצ"ח ע"ב – הכתר יש בו הוי"ה כולו בקמץ. והנה י' קמוצה היא בפנים מן הכל, והיא נשמה לנשמה. וה' ראשונה קמוצה, היא נשמה פנימית. ו' קמוצה היא רוח, באמצע. ה' אחרונה קמוצה, נפש בחיצון שלו.
144

וה' ראשונה דשם הוי"ה הכל שיעור קומה היא בחינת ה**בינה** והיא[145] אם הבנים, שהם זו"ן, ניקוד[146] הבינה הוא בצרי כזה - הַוָיָ"הָ.

והו' דהוי"ה של כל שיעור קומה הוא ו"ק הנקרא[147] **תפארת,** ה**כולל ששה ספירות** שהם עם הניקוד שלהם, חסד[148] - הַוָיָ"הָ. גבורה[149] - הַוָיָ"הָ. תפארת[150] - הַוָיָ"הָ. נצח[151] - הַוָיָ"הָ. הוד - הַוָיָ"הָ. יסוד[152] -

---

ע"ח ח"ב שמ"ד פ"ג מ"ת דצ"ח ע"ב – החכמה יש בו הוי"ה בפתח, הי' בפתח פנימי מהכל, והוא נשמה לנשמה. ה' בפתח נשמה, הפנימי. ו' בפתח רוח, האמצעי, ה' האחרונה בפתח נפש, בחיצון שלו.
145

גמרא ברכות ד"י ע"א – רב שימי בר עוקבא, ואמרי לה מר עוקבא, הוה שכיח קמיה דרבי שמעון בן פזי, והוה מסדר אגדתא קמיה דרבי יהושע בן לוי, אמר ליה מאי דכתיב - ברכי נפשי את הוי"ה וכל קרבי את שם קדשו. אמר ליה, בא וראה שלא כמדת הקדוש ברוך הוא מדת בשר ודם, מדת בשר ודם צר צורה על גבי הכותל, ואינו יכול להטיל בה רוח, ונשמה, קרבים, ובני מעים. והקדוש ברוך הוא אינו כן, צר צורה בתוך צורה, ומטיל בה רוח, ונשמה, קרבים, ובני מעים. והיינו דאמרה חנה - אין קדוש כהוי"ה כי אין בלתך, ואין צור כאלהינ"ו. מאי אין צור כאלהינ"ו, אין **צייר** כאלהינ"ו.
146

ע"ח ח"ב שמ"ד פ"ג מ"ת דצ"ח ע"ב – הבינה הוי"ה בצרי"י, י' בצרי"י נשמה לנשמה. ה' בפנימית, נשמה. ו' באמצע, רוח. ה' אחרונה בחיצון, נפש.
147

רב פעלים, אורח חיים ח"א שאלה א' ד"ב ע"א – וכן הענין בשם קודשא בריך הוא, הנזכר בזוהר ובתפילות, ובשם הקדוש ברוך הוא, הנזכר בדברי רז"ל, דאין שם זה נאמר על האלו"ה העליון בלבד, **אלא לפעמים נאמר על התפארת, שהוא מכונה בשם קודשא בריך הוא, ובשם הקדוש ברוך הוא.** מפני שכבר ידעת דאור האלו"ה העליון מתלבש בתוך הספירות, כנשמה בתוך הגוף, לכך נקרא בחינת התפארת בשם קודשא בריך הוא, ובשם הקדוש ברוך הוא. **ונקרא גם כן בשם אות וא"ו דשמא קדישא, ונקרא גם בשם הוי"ה בסתם.** ולכן תמצא מקומות הרבה בזוהר ותיקונים שמדברים על התפארת, וקורין אותו בשם קודשא בריך הוא, **וגם קורין אותו בשם ז"א, או בשם מלכא קדישא,** או בשם ישראל, וכן נמי קורין לבחינת המלכות בשם שכינה, וכאשר מדברים על תפארת ומלכות, אומרים קודשא בריך הוא ושכינתיה.
148

ע"ח ח"ב שמ"ד פ"ג מ"ת דצ"ח ע"ג – החסד, הוי"ה בסגול, י' בסגול, נשמה לנשמה. ה' בסגול, היא נשמה בפנימית. ו' בסגול רוח, מלובש באמצע. ה' אחרונה בסגול, נפש בחיצון שלו.
149

ע"ח ח"ב שמ"ד פ"ג מ"ת דצ"ח ע"ג – הגבורה הוי"ה על דרך הנזכר לעיל, בשבא.
150

ע"ח ח"ב שמ"ד פ"ג מ"ת דצ"ח ע"ג – התפארת הוי"ה על דרך הנזכר לעיל, בחולם.
151

ע"ח ח"ב שמ"ד פ"ג מ"ת דצ"ח ע"ג – הנצח והוד יש בהם בחינת שני הויו"ת, אחת כולה בחירק, בנצח. ואחד כולה בקבוץ בהוד. והנה הוי"ה בנצח הוד, והנה י' בחירק היא נשמה לנשמה בנצח, י' בקיבוץ נשמה לנשמה בהוד. ה' בחירק נשמה בשם הוי"ה שבנצח, ה' בקיבוץ נשמה בשם הוי"ה שבהוד כנזכר לעיל. ו' בקיבוץ ובחירק בחינת רוח אל שם האמצעי. כיצד, דע כי באות א' מן שם אמצעי, הוא א' שבצירוף צבא, ונודע כי צורת א' יו"י, שני יודי"ן ו' באמצע, והנה אות ו' שבאמצע א' הזו, שם הוא מקום התלבשות שני ווי"ן הנזכרים לעיל, מנוקדות אחד בקיבוץ, ואחד בחירק, בבחינת רוח. והם באופן זה, כי אות ו' ווי"ן בארכה באמצעיתא, כזה א', ומשתיהן נעשה ו' אחד, לכן יש אלפי"ן בתורה המורה על א' זו, וצריכין לעשותן באופן זה כי ו' אם שבתוך ו' שני ראשין, אחד נוטה לצד מעלה, ואחד לצד מטה, כזה א', לרמוז שני ווי"ן אלו הנזכר לעיל, שנעשו אחד. והנה צד הימין שבה הנוטה לצד מטה היא בנצח, וצד השמאל למעלה הוא בהוד. נמצא שזה השם האמצעי הנזכר לעיל חמשה אותיות הראשונים שהם צ', צ"ב, וכן אות י' ראשונה

40

יהוו"ה, **כאשר** כל הו"ק **כללותם נקראים בשם** פרצוף ז"א בכל שיעור קומה, **כמו שנתבאר במקומו בע"ה.**

והה' אזורנה דשם הוי"ה דכל שיעור קומה, היא ספירת[153] **המלכות**, ולספירת המלכות אין ניקוד כלל, כזה - הוי"ה, והמלכות **הנקרא אצלנו** פרצוף **נוקבא דז"א** והיא רחל עקרת הבית. **וכל זה בדרך** חלוקת שם **הוי"ה הכוללת החמשה פרצופים** יוזד כנזכר **לעיל.**

כל פרצוף ופרצוף בכללות הוא הוי"ה פרטית אחת, ופרצוף זה מתחלק לעשר ספירות פרטיות, שהם כחב"ד חג"ת נהי"מ.

וכן אם נחלק העשר ספירות **בכל פרצוף ופרצוף לבדו** ר"ל מפרצופי א"א או"א וז"ן, **תהיה גם** חלוקת אותה **הוי"ה** לעשר ספירות **שבפרצוף ההוא בפרטות, על דרך** התחלקות הוי"ה **הכללות** צריך לגרוס הכללית, **כי**[154] **קוצו של יו"ד** דהוי"ה **הוא** ספירת **הכתר, שהוא** גולגלתא **שבפרצוף ההוא** ואות י' דהוי"ה היא ספירת **החכמה** שבפרצוף, **ואות ה'** דהוי"ה היא ספירת **הבינה שבפרצוף. והם שתי מוחין, ימין** מוח החכמה, **ושמאל** מוח הבינה, **ואות ו'** דהוי"ה **הוא עיקר הגוף** ר"ל יד ימין ספירת החסד, יד שמאל ספירת הגבורה, רגל ימין ספירת הנצח, רגל שמאל ספירת ההוד, הברית ספירת היסוד, **והם ששה קצוות שבפרצוף ההוא.** **ואות ה'** דהוי"ה **אזורנה הוא מלכות שבאותו פרצוף** שנקראת עטרת היסוד הפרטית שבאותו פרצוף.

עד[155] כאן ביאר הרב ז"ל התחלקות שם הוי"ה לעולמות, פרצופים, וספירות שבכל שיעור קומה וקומה. כאן הרב ז"ל מבאר הקדמה חשובה בענין שמות עסמ"ב שיוצאים מהאותיות דהוי"ה. והוא[156] כי מכל אות ואות דשם הוי"ה שבכל

של א' מן צבא, הם בנצח, וכן אות י' שני שבאות א' זו, עד סיום השם הוא בהוד, ומן אות ו' שבאמצעית א' כולל לשניהן. ואות **ה"ה** אחרונה בקיבוץ ובחירק, הוא נפש לשם חיצון דנצח הוד, ומתחלקין על דרך זה כי השם הוא צבאו"ת, וה' אחד בחירק מלובשת ב' של צבאות, ו' ה' בקיבוץ מלובשת בת' של צבאות.
152

ע"ח ח"ב שמ"ד פ"ג מ"ת דצ"ח ע"ג – היסוד יוהוו"הו יו בשורק, נשמה לנשמה בפנים מן הכל. הו בשורש נשמה, בשם הפנימי. וו בשורק רוח, בשם האמצעי. הו אחרונה בשורק נפש בשם החיצון.
153

ע"ח ח"ב שמ"ד פ"א מ"ת דצ"ז ע"א – וכן על דרך זה, כפי הסדר הנזכר בתקונים תיקון ע', בענין עשרה הויו"ת וכמו שנבאר בע"ה. והם קמץ בכתר, פתח בחכמה, צירי בבינה, כו', שורק ביסוד. **הוי"ה או אהי"ה בלי ניקוד במלכות.**
154

תרשים ה – ל'.
155

כרם שלמה ש"א ענף ה' אות י' – כי מכל אות ואות הוי"ה יוצא הוי"ה אחת. כי בשלמא כשרמזנו לעיל החמשה פרצופים כולם בההמשה אותיות ההוי"ה, היה בהם חילוק בין זה לזה באותיותיהם, והוא כי האות של הוי"ה, שרומזת בחכמה, שהוא פרצוף אבא הוא אות י'. ואות הרומזת באימא הוא אות ה'. והרומז בז"א הוא אות ו'. וכו'. ויש חילוק והיכר בין זה לזה בשנוי אותיותיהם, שזה י' וזה ה' וכו'. אבל עכשיו שרוצה אתה

שיעור קומה, יוצא שם הוי"ה במילוי שונה. מאות י' דהוי"ה יוצא הוי"ה במילוי יודי"ן, הנקרא שם ע"ב, כזה - **יו"ד ה"י וי"ו ה"י**. ומאות ה' הראשונה דהוי"ה יוצא הוי"ה במילוי יודי"ן ואלפי"ן, הנקרא ס"ג, כזה - **יו"ד ה"י וא"ו ה"י**. מאות ו' דהוי"ה יוצא הוי"ה במילוי אלפי"ן, הנקרא מ"ה, כזה **יו"ד ה"א וא"ו ה"א**. ומאות ה' האחרונה דהוי"ה יוצא הוי"ה במילוי ההי"ן, הנקרא ב"ן, כזה **יו"ד ה"ה ו"ו ה"ה**. עוד **צריך לדעת** כי יש עוד הויו"ת במילואים שונים, ובכללותם [157] הם י"ג מילואים, וביאורם הוא בשער השמות, שער מ"ד. **ועוד צריך לדעת** כי [158] גם לכל מילוי יש מילוי דמילוי, וכן על דרך זה עד אלף אלפים מדרגות לאין קץ של מילואים.

עוד צריך להקדים בזיינה אזרת קרובה אל הנזכר לעיל, והוא כי מכל אות ואות משם הוי"ה, יוצא הוי"ה אזזת, ואין זזילוק ביניהם, רק באופן **מילוייהן** שנקראים עסמ"ב, וזהו ענינם.

כי מאות **י'** של שם הוי"ה **שהוא רומז באבא, שהוא ספירה הנקראת זזכמה, יש בו הוי"ה אזזת במילוי יודי"ן** כזה יו"ד ה"י וי"ו ה"י **והוא גימטריא ע"ב.**

והאות ה' הראשונה דשם הוי"ה **נרמזת באימא, שהיא הספירה הנקרא בינה, יש בה הוי"ה במילוי יודי"ן ואלף** ר"ל במילוי של אות ו' דהוי"ה זאת יש אות א', **כזה יו"ד ה"י וא"ו ה"י והוא גימטריא ס"ג.**

לרמוז כולם בשם הוי"ה לכל אחד ואחד, ומכל אות יוצא הוי"ה אחת. אם כן במה ניכרת שזו ההוי"ה של אבא, וזאת ההוי"ה היא אימא וכו'. לזה כתב ואין חילוק ביניהם רק באופן מילוייהן.
156

תרשים ה – ל"א.
157

תרשים ה – ל"ב.
158

ע"ח שי"ח פ"ב מ"ת דפ"ה ע"ב – ונבאר סדר מדרגתן בקצרה זה למעלה מזה. **א.** הנה העיקר והשורש לכל הם אותיות **הוי"ה בעצמן** ובצורתן. **ב.** מדרגה שניה הוא אחוריים שלהם, בחינת עצמותן וצורתן כזה י' י"ה יה"ו יהו"ה, והם עשרה אותיות. **ג.** מדרגה שלישית חשבון ומספר ארבעה אותיות הנקרא פנים, שהם בחינת הוי"ה, מספרן כ"ו. **ד.** מדרגה רביעית הוא חשבון ומספר עשרה אותיות הנקרא אחוריים, שהוא בחינת היות מספרן ע"ב. **ה.** מדרגה חמישית הוא **במילוי של השם** ונקרא פנים, והם עשרה אותיות, יו"ד ה"י וי"ו ה"י בצורתן עצמן. **ו.** מדרגה ששית המילוי הנזכר לעיל, בבחינת אותיות בצורתן, לא בחשבונם, והם כ"ו אותיות יו"ד, יו"ד ה"י, יו"ד ה"י וי"ו, יו"ד ה"י וי"ו ה"י. **ז'** מדרגה שביעית חשבון ומספר עשרה אותיות המילוי, שהוא היות מספרן ע"ב. **ח.** מדרגה שמינית מספר וחשבון כ"ו אותיות האחוריים של המילוי, שהוא קפ"ד. **ט.** מדרגה תשיעית הוא כ"ח אותיות **המילוי דמילוי**, הנקרא פנים כזה יו"ד וי"ו דל"ת, ה"י יו"ד, וי"ו יו"ד וי"ו, ה"י יו"ד. **י.** מדרגה עשירית הוא אחוריים של המילוי דמילוי, והם קנ"ו אותיות כזה יו"ד וי"ו דל"ת, יו"ד וי"ו דל"ת ה"י יו"ד, יו"ד וי"ו דל"ת ה"י יו"ד וי"ו יו"ד וי"ו, יו"ד וי"ו דל"ת ה"י יו"ד וי"ו יו"ד וי"ו ה"י יו"ד, יו"ד וי"ו דל"ת ה"י יו"ד וי"ו יו"ד וי"ו ה"י יו"ד וי"ו יו"ד וי"ו דל"ת יו"ד וי"ו יו"ד וי"ו ה"י יו"ד. **יא.** מדרגה י"א מספר וחשבון כ"ח אותיות מילוי המילוי דפנים. **יב.** מדרגה י"ב מספר וחשבון קנ"ו אותיות אחוריים מילוי המילוי. **ועל דרך זה תלך עד אלף אלפים מדרגות לאין קץ על דרך הנזכר לעיל וכיוצא.** והנה זהו שבארנו הם בהויות דע"ב, **וכיוצא בזה בהוי"ת דס"ג, ובהויו"ת דמ"ה, ובהויו"ת דב"ן.** וכן בכל השמות וכינוים שבעולם.

והאות ו' דשם הוי"ה **שהוא רומזת בז"א, שהם ששה ספירות אשר** הם **מיוסד עד יסוד,** יש בה הוי"ה **אזות במלוי אלפי"ן** כזה יו"ד ה"א וא"ו ה"א, **והוא גימטריא מ"ה.**

ואות ה' אחרונה דשם הוי"ה **שהיא רומזת במלכות נוקבא דז"א** שנקראת רחל הגדולה, יש בה הוי"ה **אזות, במילוי ההי"ן** כזה יו"ד ה"ה ו"ו ה"ה, **והוא גימטריא ב"ן.**

כבר נתבאר לעיל כי בכל פרצוף מפרצופי א"א או"א וזו"ן, יש שיעור קומה של עשר ספירות, המתחלקים לחמשה בחינות, כאשר הכתר הוא נעלם, והוא שורש לשמות עסמ"ב. החכמה דכל פרצוף, הוא הוי"ה דע"ב. הבינה דכל פרצוף, הוא הוי"ה דס"ג. הו"ק דכל פרצוף הוא הוי"ה דמ"ה. והמלכות, שהיא עטרת היסוד דכל פרצוף הוא הוי"ה דב"ן.

ועל[159] **דרך זה גם כן בפרטות** שכל **פרצוף ופרצוף, שבזזמשה פרצופים** הנזכרים לעיל, **אשר בכל אזזד מהם יש הוי"ה בפרטות** כנזכר לעיל, כך שכל פרצוף **יש בה שם הוי"ה** אחת **דע"ב** יו"ד ה"י וי"ו ה"י **בספירת זזכמת פרצוף ההוא, והוי"ה דס"ג** יו"ד ה"י וא"ו ה"י **בספירת בינת פרצוף ההוא, והוי"ה א' דמ"ה** יו"ד ה"א וא"ו ה"א (לא גורסים **בז"א**) אלא צריך לגרוס **בו"ק** חג"ת נה"י **שבפרצוף ההוא, והוי"ה דב"ן** יו"ד ה"ה ו"ו ה"ה לא גורסים **בנוקבא**[160] **דז"א** אלא צריך לגרוס **במלכות** שהיא עטרת היסוד **שבפרצוף ההוא.**

הרב ז"ל מבאר כי אפילו שתמיד אנחנו מזכירים עשר ספירות, עם[161] כל זאת כל ספירה וספירה מתחלקת לאלפי אלפי ספירות פרטיות. והוא, כי כבר נתבאר כי כל ספירה מתחלקת לשלוש בחינות, הבחינה הפנימית של אותה הספירה,

---

159
תרשים ה – ל"ב.
160

הגהות ובאורים (**ח)** – במלכות, כך הגיה מוהרש"ש ז"ל, ועיין דברי שלום דף ל"ב ע"א.
161

ע"ח ח"ב שכ"ז פ"ב מ"ב די"ז ע"ד – והרי נתבאר כי כל הז"א אינו רק תשע ספירות, אף על פי שנחלק לשלוש בחינות, ואלו הם תשע ספירות גמורות, ואין צריך יותר. ואמנם כל ספירה מאלו נחלקין לכמה פרטים, כי כל ספירה דחיצונות, נחלק לאלף לאלף רבוא. וכל ספירה מהתיכונות, לשש אלפים רבבות. וכל ספירה מהפנימית, נחלק לעשר אלפים רבבות פרסאות, כנזכר תיקון נ"ג.

ע"ח ח"ב שמ"ב, שער דרושי אבי"ע פ"ה מ"ב דצ"א ע"ד – ובזה תבין מה שכתוב בתיקונים, דבאות י' סליק לעשר אלף רבוא ספיראן. ובאות **ו'** סלקין לשית אלפין רבוא. והוא עם הנזכר לעיל, כי בבחינת פרצוף השלישי כלול מעשר ספירות, ולכן סלקין לחשבון עשרה. אבל בפרצוף השני, האמצעי הכולל ו"ק, בכל ספירה מהם, ולכן לא סלקין אלא לחשבון ששה אלף כו'. ודע כי כל הנזכר לעיל הוא בין בא"א, בין באבא, בין באימא דאצילות. ועל דרך זה בכל חמשה פרצופים דבי"ע.

נהר שלום די"ג ע"ג – גם נודע כי כל ספירה כלולה משלשה כלים, חיצון ואמצעי ופנימי, ונמצא כי כל פרצוף כלול משלשים כלים, עשרה תוך עשרה, ועשרה תוך עשרה, וכללות כולם הם עשר ספירות, והם שלוש פרצופים מלבישים זה את זה בשוה. ונקרא נה"י וחב"ד, ופרצוף החיצון שהוא הנה"י, מלביש לכל פרצוף החג"ת, ופרצוף החג"ת מלביש לכל פרצוף החב"ד, והם עבור, יניקה, ומוחין, וזה בכללות. אמנם

הבחינה התיכונה של אותה ספירה, והבחינה החיצונית של אותה ספירה. כאשר בבחינה החיצונית של הספירה יש חילוק של אלף רבוא)10,000,000(ספירות פרטיות. ואמצעיות הספירה נחלקת לשש אלף רבוא)60,000,000(ספירות פרטיות. ופנימיות הספירה נחלקת לעשר אלפי רבוא)100,000,000(ספירות פרטיות. כך[162] שכל ספירה נחלקת ל170 מיליון ספירות פרטיות. **ועוד צריך לדעת** כי[163] כל ספירה וספירה כלולה מכל הספירות, ר"ל לכל ספירה פרטית יש עשר ספירות פרטיות, שבם כח"ב חג"ת נה"ים.

וכבמו[164] **שֶׁכָּל סְפִירָה וּסְפִירָה נִפְרֶטֶת לְעֶשֶׂר סְפִירֹת, וּמֵעֶשֶׂר סְפִירוֹת לְעֶשֶׂר סְפִרוֹת, עַד אֵין קֵץ וְתַכְלִית**[165] בערכינו, אבל בערך הא"ס יש להם גבול, קץ ותכלית **כַּנִּזְכָּר לְעֵיל,** ר"ל מצד האדם התחתון אין קץ לבחינות האלו, בסוד הפסוק[166] - אם תוכל לספור. אבל מצד

כל פרצוף משלשה פרצופים כלול משלוש פרצופים על דרך הנזכר. **וכן על דרך זה הולכים ונפרטים משלוש לשלוש, עד כמה אלפי רבבות,** כנזכר לעיל בהקדמה.
162

תרשים ה – ל"ג.
163

שער ההקדמות, דרוש בחמשה פרצופים שהם שלימים דמ"ב ע"ד – דע כי אין שם ספירה מן העשר ספירות, שהם כח"ב חג"ת נה"י מלכות, שתהיה בבחינת פרצוף שלם, זולתי חמשה מהם, שהם כח"ב תפארת ומלכות. כי כל אחד משאר הספירות, **אמת הוא שהיא כלולה מעשר.** והמשל בזה - זרוע **]אח"[י** - ימין, שהיא בחינת החסד, כמו שמבאר הרב ז"ל לקמן[האדם, אשר עם היותו נכלל מכל איברי הגוף, ובו כח כולם, ויש בו ורידים ועורקים מכל האברים, כנודע לבעלי חכמת הרפואה. עם כל זה אינם ניכרים בו בגילוי, אמנם הם נסתרים בו. **אבל הגובר והניכר בו הוא בחינת החסד,** וכיוצא בזה בשאר החמשה ספירות. אבל בהחמשה ספירות הנזכרים, שהם כח"ב תפארת ומלכות, יש בכל אחד ואחד מהם בחינת פרצוף שלם, כלול מרמ"ח איברים ושס"ה גידים.
164

ע"ח שכ"ד פרק ז' מ"ב דקי"ב ע"ב – ודע כי כל ספירה וספירה, כלולה מכל הקו שלה בלבד, ולא מכל העשר ספירות. כיצד חכמה מחח"ן שהוא קו שלה, וכל אחת כלולה משלוש. וכן מתפשטות ונחלקות לאלף אלפי בחינות, וכולם בחינת חח"ן בלבד. ועל דרך זה בקו שמאל, כל ספירה של שמאל כלולה משלוש ספירות הקו ההוא, וכל אחת מהם כלולה משלוש, עד אלף אלפים בחינות, וכולם בחינת בג"ה בלבד. ועל דרך זה בקו אמצעי, וכולם בחינת דת"י לבד, וזה בדרך כללות. אמנם בדרך פרטות כל בחינה מאלו העשר ספירות כלולה מכל העשר ספירות, אמנם אינן יוצאין מטבע בחינת הקו ההוא. המשל בזה ספירת החכמה תהיה כלולה מחח"ן, וכל אחת מהם יש בה עשר ספירות, וכולם נקרא חכמה, או חסד, או נצח בלבד, ואינן נוטים על השמאל, כי כולם חסדים. וכן ספירת בינה כלולה מבג"ה לבד, וכל אחת מהם יש בה עשר ספירות, וכולם נקראו בינה, או גבורה, או הוד לבד, ואינם נוטים אל הימין, כי אלו הם כולם גבורות. וכן על דרך זה בקו האמצעי, כולם מכריעים. **וזכור הקדמה זאת.**
165

בית לחם יהודה ש"א פ"ה – ומעשר ספירות לעשר ספירות עד אין קץ ותכלית. עיין בריש פרק ז' דשער כ"ד, ובשער הקדמות דף מ"ב ריש ע"ד שכתב וז"ל - והמשל בזה זרוע האדם, אשר עם היותו נכלל מכל אברי הגוף, ובו כח כולם, ויש בו ורידים ועורקים מכל האברים, כנודע לבעלי חכמה הרפואה, עם כל זאת אינם ניכרים בו בגילוי, אומנם הם נסתרים בו, אבל הגובר והניכר בו, הוא בחינת החסד, וכיוצא בשאר החמשה ספירות, אבל בחמשה ספירות הנזכרים שהם כח"ב תפארת ומלכות, יש בכל אחד מהם בחינת פרצוף שלם, כלול מרמ"ח אברים, ושס"ה גידים, עד כאן לשונו.
166

בראשית ט"ו ה' – ויוצא אתו החוצה ויאמר הבט נא השמימה וספר הכוכבים **אם תוכל לספר אתם** ויאמר לו כה יהיה זרעך.

הא"ס נאמר[167] - מונה מספר לכוכבים. **כך הוא הזילוק במילוי** (צריך לגרוס **פרטי**) של **ה'הויו"ת** דעסמ"ב **שהם מתרבים ומתזלקים עד אין** [דט"ו ע"א 29] **קץ** ר"ל[168] עסמ"ב דעסמ"ב דעסמ"ב וכו', וכל זה **כפי זילוק פרטיות הספירות עד אין קץ.**

צריך לדעת כי ספר הזוהר הקדוש הוא ספר סתום, נעלם, נסתר, ונעול באלף מנעולים. כל דרך ספר הזוהר היא דרך משל עמוק, כאשר רק רבי רבא, תלמידו של רבי שמעון בר יוחאי ידע להלביש את סודות התורה בסיפורים ומשלים מהעולם התחתון. כך נשאר ספר הזוהר כחידה לכל אדם. את סודות התורה גילה רשב"י רק לעשרה תנאים, אפילו שבזמנו היו מאות תנאים שכולם היו קדושי עליון, ואחריהם באו האמוראים, שהם היו בעלי רוח הקודש, וגדולי תורה, עם כל זאת רק לעשרה תנאים פתח הרשב"י את הסתום. עד[169] בואו של רבינו רבי יצחק לוריא אשכנזי, הנקרא האר"י זלה"ה, אשר גילה לנו טפח מספר הזוהר הקדוש, וסתם אלפים אמה את נסתרות הזוהר הקדוש. **וידוע** כי הרבה סוגיות בספר הזוהר הקדוש נראה שהם סותרים זה את זה, והפך אחד מהשני. כאן הרב ז"ל מבאר כי אין סתירה בין הסוגיות, אלא כל סוגיא וסוגיא עוסקת בבחינה אחרת. לכן צריך המעיין בדברי הזוהר הקדוש, לדעת ולהבחין באיזה שעור קומה מדברת הסוגיה, באיזה עולם, ובאיזה פרצוף, כי בכל שיעור קומה יש הבדלים בעניני עשר ספירות שבאותו שיעור קומה, וצריך הלומד לדעת את סדר הספירות שבאותו עולם או אותו פרצוף, ולמה נשתנה סדר הספירות שבאותו שיעור קומה ביחס לשיעור קומה אחר, כי בכל מקום, ובכל זמן, סדר הספירות שונה מפרצוף לפרצוף, ומעולם לעולם.

תהלים קמ"ז ד' – מונה מספר לכוכבים לכלם שמות יקרא.

שער ההקדמות, דרוש א"ק די"א ע"א – ועתה יתבאר ענין אחד נמשך מן האמור, והוא כי הנה שם אד"ם אינו נקרא אלא הזכר והנקבה, שהם זעיר ונוקביה, שהם מ"ה וב"ן. **ונמצא כי א"ק הוא בחינת ז"א ונוקביה, מ"ה וב"ן בערך הקודם אליו**, ודי בזה. **ויש בו כללות ע"ב ס"ג מ"ה ב"ן**. וכן בבחינת אורות היוצאים ממנו, **כולם יחד הם ז"א ונוקביה, כלול מע"ב ס"ג מ"ה ב"ן**. והנה מ"ה וב"ן שבהם שהם נקראים אחר התיקון עולם האצילות, הוא בחינת ז"א ונוקביה של אלו האורות חיצוניות, ולכן נקרא אדם דאצילות. ולכן אינו מתפשט אלא מהטבור דא"ק ולמטה. **וכן אדם זה דאצילות כולל ע"ב ס"ג מ"ה וב"ן**. והמ"ה והב"ן שלו שהם ז"א ונוקביה דאצילות, יוצא מהטבור דא"א ודאו"א, משם ולמטה.

ע"ח הקדמת מוהרח"ו ד"ג ע"ג – והנה היום אביע חידות ונפלאות תמים דעים כי בכל דור ודור הפליא חסדו אתנו אל הוי"ה ויאר לנו על ידי השרידים אשר הוי"ה קורא בכל דור ודור כנזכר. וגם בדורונו זה אלוה"י הראשונים והאחרונים, לא השבית גואל מישראל, ויקנא לארצו ויחמול על עמו, וישלח לנו עיר וקדיש מן שמייא נחית, **הרב הגדול האלה"י החסיד מורי ורבי כמהר"ר יצחק לוריא אשכנזי זלה"ה**, מלא תורה כרמון, במקרא, במשנה, בתלמוד, בפלפול, במדרשים, והגדות. **במעשה בראשית, במעשה מרכבה**, בקי בשיחת אילנות, בשיחת עופות, בשיחת מלאכים, מכיר בחכמת הפרצוף הנזכר ברשב"י בפרשה - ואתה תחזה, יודע בכל מעשי בני אדם שעשו, ושעתידים לעשות, יודע במחשבות בני אדם טרם יוציאום מן הכח אל הפועל, יודע עתידות, וכל הדברים ההווים בכל הארץ, ומה שנגזר תמיד בשמים, יודע בחכמת הגלגול, מי חדש ומי ישן, ואיפה האיש ההוא, באיזה מקום תלויה באדם העליון, ובאדם הראשון התחתון, יודע בשלהבת הנר, ולהבת אש, דברים נפלאים. מסתכל וצופה בעיניו נשמות הצדיקים הראשונים והאחרונים, ומתעסק עמהם בחכמת האמת, מכיר בריח האדם כל מעשיו על דרך ההוא ינוקא בפרשת בלק, וכל החכמות הנזכרים היו אצלו כמונחים בחיקו, בכל עת שירצה בלתי יצטרך להתבודד ולחקור עליהם, **ועיני ראו ולא זר דברים מבהילים, לא נראו ולא נשמעו בכל הארץ מימי רשב"י ע"ה ועד הנה**. וכל זה השיג שלא על ידי שמוש קבלת מעשיות ח"ו, כי איסור גדול יש בשמושם. אמנם כל זה היה מעצמו, על ידי חסידותו ופרישותו, אחרי התעסקו ימים ושנים רבים בספרים חדשים גם ישנים, בחכמה הזאת ועליהם הוסיף חסידות ופרישות וטהרה וקדושה, היא הביאתו לידי אליהו הנביא, שהיה נגלה אליו תמיד ומדבר עמו פה אל פה, ולמדו זאת החכמה, וכמו שאירע להראב"ד ז"ל כנזכר לעיל בשם הרקאנטי.

45

וְהִנֵּה אזור שהקדמנו לך כל ההקדמות, האלו צריכים אנו לעורר כמה הקדמות וכללים שהם יסודיים ונחוצים **אל המעיין הבא לעיין בספר הזוהר** הקדוש, מפני שספר הזוהר סתום וחתום, וכל לשונו הוא צופן נסתר ונעלם, ומי שניגש ללמוד בספר הזוהר הקדוש בלי הקדמות אלו יסתבך ויתבלבל **שימצא מאמרים רבים שונים, ורומזים זה מזה בתכלית הריזוק** והם נראים לכאורה סותרים זה את זה בהשקפה ראשונה, **ואם לא יהיה לו** ללמוד בספר הזוהר **הקדמות אלה** שבספר עץ חיים ובשאר ספרי הרב ז"ל, שהם המפתח להבנת מאמרי הזוהר הקדוש, **יסתר** יתבלבל ויסתבך **מעיונו** ולא יוכל להעמיד פשט הדרוש, כי בכל סוגיא וסוגיה עוסקת בספירה, או פרצוף, או עולם, או שיעור קומה אחר, ויש שנויים והבדלים גדולים בין פרצוף לפרצוף, ובין עולם לעולם, בעניני הספירות שבהם, **כי לא ידע** הלומד והמעיין **להבחין באיזה מציאות** (צריך לגרוס בבחינה) **הוא מדבר המאמר, אשר הוא** לומד ומעיין בו, **ואם לא ידע להבחין באיזה בחינה הוא מדבר המאמר ההוא**, כך נראה אל הלומד **בלי הקדמות אלו** שיש לכאורה סתירות באותו ענין במקומות אחרים בספר הזוהר, כי יש הרבה ספירות, פרצופים ועולמות, **כמו**[170] שכתוב - ועלמות אין מספר, אל[171] תקרי ועלמות אלא עולמות. ובכל עולם מעמד הפרצופים והספירות משתנה, ויש שינויים בפרטים, ובפרטי הפרטים בין כל עולם ועולם ובין כל פרצוף ופרצוף, לכן צריך הלומד והמעיין לדעת בכל סוגיה באיזה עולם ובאיזה פרצוף עוסקת הסוגיה.◆

תחילה מבאר הרב ז"ל את בחינת פנימיות א"ק, והאורות היוצאים ממנו לחוץ, ומלבישים אותו. ועוד מבואר כאן בחינת עולם האצילות, הנקרא בתחילה לפני התיקון נקודים, ואחרי התיקון נקרא ברודים.

אם[172] **הוא ב**פנימיותו של **א"ק עצמו** אשר בו מתלבש קו הא"ס, ורוחניותו הם הנרנח"י שבו, והעסמ"ב דעסמ"ב שבפנימיותו.◆ **ואם בכל אותן האורות שיצאו והאירו ממנו** לחוץ.◆ **אם בבזינת אורות** היוצאים דרך[173] **האוזן** דא"ק, הנקראים ס"ג דע"ב דס"ג.◆ **אם**[174] **בבזינת אורות** היוצאים דרך[175] **החוטם** דא"ק, הנקראים מ"ה דע"ב דס"ג.◆ **אם בבזינת אורות** היוצאים

170

שיר השירים ו' ח' – ששים המה מלכות ושמנים פילגשים ועלמות אין מספר.

171

תיקוני זוהר, הקדמה די"ד ע"ב – ודא הוא ועלמות אין מספר, ואלין עלמות אל תקרי עלמות, אלא עולמות.

172

תרשים ה – ל"ד.

173

ע"ח ש"ה פ"א מ"ת ד"כ ע"ג – והנה כאשר יצא האור דרך נקבי האזנים, ימנית ושמאלית, נתפשטו האורות האלו מבחוץ ממקום האזנים, **עד מקום שבולת הזקן**, ונמשך בהתפשטותו מנגד התפשטות שער הזקן, הצומח בלחיים, בצדדי הפנים, וכנגדו נתפשט ונמשך אור הזה עד שמגיע למטה בשבולת הזקן, ושם מתחברים האורות היוצאים משתי נקבי האזנים, אמנם לא נתחברו בחבור גמור, אבל נשאר ביניהם חלל מעט.

174

תרשים ה – ל"ה.

175

דרך [176] **הַפֶּה** דא"ק, שנקראים ב"ן דע"ב דס"ג, ועוד **הַנִּקְרָא**ים עולם הָ**עֲקוּדִים** שבהם נתהווה הכלי הראשון, שבו נעקדים עשר אורות• **וְאִם בִּבְחִינַת הָאוֹרוֹת** היוצאים דרך [177] **הָעַיִן** דא"ק, הנקראים סמ"ב דס"ג, ועסמ"ב דב"ן, וְ**הַנִּקְרָא**ים עוֹלם הַ**נְּקוּדִים**, שֶׁהוּא עולם הָאֲצִילוּת טֶרֶם תִּקּוּנָם שבהם קרה מקרה המלכים דמיתו• **וְאִם בִּבְחִינַת אוֹרוֹת** היוצאים דרך [178] הַ**מֵּצַח** דא"ק, שהם עסמ"ב דמ"ה, ומ"ה וב"ן דע"ב, והוא אור הנקרא מ"ה החדש הנקרא [179] עולם הברודים, **שֶׁהוּא בְּחִינַת עוֹלָם הָאֲצִילוּת אַחַר שֶׁנִּתְקַן•**

כאן הרב ז"ל מבאר [180] את בחינת עולמות בי"ע.

עוד צריך להתבונן בספר הזוהר הקדוש, אם המאמר מדבר בעולם האצילות שנתבאר לעיל, **וְאִם בְּעוֹלָם הַבְּרִיאָה** הנקרא עולם הכסא• **וְאִם** המאמר מדבר **בְּעוֹלָם הַיְצִירָה** הנקרא עולם המלאכים• **וְאִם בְּעוֹלַם הָעֲשִׂיָּה** שהוא עולם האופנים, המזלות, והעולם התחתון שבו אנו חיים• **וְכָל זֶה דֶרֶךְ כְּלָלוּת** בשיעור קומה של עולמות•

ע"ח ש"ה פ"ב מ"ת דכ"א ע"ד – אחר כך באו הטעמים האמצעיים, והם בחינת אור היוצא מחוטם דא"ק, וחוטם גימטריא ס"ג. גם מכאן נמשך ויוצא אור דרך שתי נקבי החוטם, ימין ושמאל, ימין מקיף, ושמאל פנימי, על דרך הנזכר באזן, **ונמשכו ביושר עד החזה של זה הא"ק**, וזהו עיקר האור.
176

ע"ח ש"ו פ"א מ"ת דכ"ד ע"ג – והנה מן הפה הזה יצאו עשר ספירות פנימים, ועשר מקיפים, ונמשכין מנגד הפנים, **עד נגד הטבור של זה הא"ק**, וזה עיקר האור.
177

ע"ח ש"ח פ"א מ"ת דל"ד ע"א – ואחר כך מן העין יצאו הנקודות דס"ג, ולכן אין כל כך הבל בעין כמו בשלוש מקומות הנזכרים לעיל, כי אין דומה אור הנקודים הקטן, כמו הטעמים. אבל עם כל זאת מצינו קצת כח בהסתכלות העין, כנראה בחוש העין בטבע, כענין ביצת בת היענה, שנולד האפרוח על ידי הסתכלותה זמן מה בלתי שתשב על הביצים לחממם כמו שאר העופות, וזה יורה היות כח ממשית בהסתכלות העינים.
178

ע"ח ש"י פ"ב מ"ת דמ"ח ע"ב – מה שכתוב בזוהר במקומות רבים - כד סליק ברעותיה למברי עלמא דאצילות. פירוש, כי מצח הרצון דא"ק סליק ברעותיה למברי עולם האצילות, **על ידי אור מ"ה חדש היוצא ממנו**, אשר על ידו נתקן כל האצילות כמו שנבאר בע"ה. ונמצא כי פירוש רעותא הוא סוד **מצח הרצון** הנזכר, כי תרגום רצון רעותא. והנה לפי שבחינת ע"ב הוא בראש א"ק, שהם בחינת המוחין, ומקומם הנזכר הוא מבפנים כנגד מקום המצח, ושם נזדווגו המוחין, שהם בחינת ע"ב עם בחינת ס"ג, שהם אח"פ הטעמים דס"ג, שהם למטה מהמוחין בסוף הראש, ולכן מרוב האור שיש שם בזה המצח, על ידי הזווג הנזכר לעיל יצא אור חדש ממנו ולמטה, **שהוא שם מ"ה החדש.** והנה כאשר יצא זה האור החדש שם מ"ה דאלפי"ן, בירר מהנקודות דס"ג שבהם היתה השבירה, מה שיוכל לברר מהם.
179

ע"ח ש"י פ"ד מ"ק דמ"ט י"ב – אחר כך יצא שם מ"ה מהמצח דא"ק, והוא סוד שם מ"ה טעמים ונקודות הראשונות מס"ג, נקרא עתה ב"ן, **ונתחברו עתה מ"ה וב"ן**, ומהם נתקנו כל הנקודות, שהם המלכים שמתו, ושאר המלכים שלא מתו, **שבין כולם נקרא אצילות ועתה אחר התיקון, נקרא ברודים**, והוא שבא אחר הנקודים וזה שאמר הכתוב - עקודים נקודים ברודים, שם של מ"ה היוצא עתה ממצח החדש.
180

תרשים ה – ל"ו.

כאן מבאר הרב ז"ל את[181] בחינת הפרצופים שבכל עולם ועולם, שהם עתיק, א"א, או"א, וזו"ן. **צריך לדעת** כי כאן הרב ז"ל לא[182] מזכיר את הנוקבא דעתיק, ולא[183] את הנוקבא דא"א. עם כל זאת כבר נתבאר לעיל כי יש את הבחינות דנוקבא בכל הפרצופים האלו, לפי **ההקדמה**[184] שכל ניצוץ וניצוץ שנאצל, כלול מזכר ונקבה.

____

181

תרשים ה – ל"ז.
182

ע"ח שי"ב פ"ב מ"ת דנ"ז ע"ג – ובזה תבין איך או"א מלבישין לא"א, זה לימינו וזה לשמאלו, כי כן הדבר בא"א עצמו, צד ימין שבו הוא מ"ה דכורא, **וצד שמאל הוא ב"ן נוקבא.** ואמנם בעתיק יומין שהוא מבחינת חמשה ראשונות של כתר של הנקודים, ששם לא היה שום ביטול כלל מעולם, לכן בחינת זכר **ונקבה שבו** שהם מ"ה וב"ן נתערבו יחד לגמרי, ושניהן מעורבים יחד זה בזה, בימין בפני עצמו, וכן בשמאלו, ואינם כמו א"א. וזה שכתוב באדרא רבא דף קכ"ט ע"א - לית שמאלא בהאי עתיקא סתימאה, כולא ימינא. והענין כי בא"א הזכר בימין, **והנקבה בשמאל.** אבל בעתיק יומין צד ימין שבו כלול ממ"ה וב"ן, וכן בצד שמאל. אם כן שוין הם, ואין הפרש בין ימינו לשמאלו. אמנם בחינת הנקבה והזכר שבו, הוא באופן אחר והוא שתי בחינות, פנים ואחור. פירוש, כי בין צד ימינו ובין צד שמאלו, יש בו בחינת מ"ה מצד פנים, ובחינת ב"ן מצד אחור, **ובזה הוא חיבור נפלא גדול מאד.**
183

ע"ח שי"ז פ"ג מ"ב דפ"ה ע"א – והנה תראה כי חמשה פרצופים הם, **ובכל אחד יש בו מ"ה וב"ן**, אמנם פרצוף האחד לבד הוא בלי נוקבא, והארבעה פרצופים אחרים כל אחד נעשה נקבה לחבירו, אף על פי שיש בכל אחד מ"ה וב"ן. כיצד, **א"א יש בו מ"ה וב"ן**, והוא פרצוף אחד, שאין כנגדו בת זוג כלל בפרצוף אחד. וכן היה בעתיק שהוא למעלה מחמשה פרצופים, ואינו נכנס במנינים כנודע, כי הוא שורש הכל, והוא מלכות (ב"א מלבישו העולם העליון המתלבש בהם. אחר כך פרצוף דאבא, הוא חכמה, כלול ממ"ה וב"ן, שהוא אבא ואימא [**אח"י** - או"א עילאין] והכל פרצוף אחד, בסוד והבן בחכמה, ויש לו פרצוף אחד בת זוגו, נקרא בינה, נכללת ממ"ה וב"ן, שהוא ישסו"ת. ושניהן פרצוף אחד, וכל זה הפרצוף הוא בת זוגו, לפרצוף העליון דחכמה. אחר כך הפרצוף דז"א כלול ממ"ה וב"ן, ויש לו פרצוף אחר בת זוגו, הנקראת מלכות, הכולל מ"ה וב"ן, וכל זה הפרצוף הוא בת זוג לפרצוף העליון, שהוא ז"א. ואם כן אל תתמה אם ז"א כלול ממ"ה וב"ן, וכן נוקבא, כי כך חו"ב, כל פרצוף מהם כלול ממ"ה וב"ן הנזכר לעיל, **והבן זה מאד.**
184

ע"ח ש"ט פ"ז מ"ב דמ"ו ע"ב – דע כי אין לך ספירה וספירה, אפילו בעשר ספירות הפרטיות שבכל פרצוף ופרצוף, שאין בו **בחינת זכר ונקבה, והם ב"ן דנקודות ומ"ה החדש**, ואמנם אין ענין ב"ן הזה והנקבה זו בחינת מלכות העשירית שיש בכל ספירה וספירה, שהיא בחינה עשירית שבכל ספירה וספירה, אלא שיש בכל ספירה עשר ספירות בחינות, וכולם דמ"ה, ועשר בחינות וכולם דב"ן, והתשע ראשונות דמ"ה וב"ן הם נקרא תשע בחינות הראשונות של ספירה ההוא, והבחינה עשירית שהוא מלכות שבאותו ספירה עצמה, היא כלולה ממ"ה וב"ן. **כלל הדברים בקיצור נמרץ כי אין לך שום ניצוץ קטן בכל האצילות, שאין בו מ"ה וב"ן.**
ע"ח ש"ט פ"ו מ"ב דמ"ד ע"ג – ואז נברא העולם במידת הדין, ויצאה בת מתחלה, שהיא **שם ב"ן** בפנים דא"ק. ואחר כך יצאו ענפיו לחוץ, דרך העין מטבורו דא"ק ולמטה, ולא נתקיימו הענפים שבחוץ. עד שחזרו להזדווג והולידו בן, שהוא **שם מ"ה** בפנים ובחוץ, והוא מידת הרחמים, ונתקיים העולם, כמו שאמרו רז"ל על הפסוק - ביום עשות הוי"ה אלהי"ם ארץ ושמים, והבן אמרם העולם, כי מציאת העולם הם השבעה תחתונות לבד, שהם זו"ן, **אלא בראשונה היו זו"ן נקבות**, מצד דין, שהוא שם ב"ן. ואחר כך **היו זו"ן זכרים, משם מ"ה.** כי כל מ"ה וב"ן נקרא בשם עולם.
רחובות הנהר ד"ה ע"ב – כל ספירה, וכל ניצוץ, כלול ממ"ה וב"ן, **מחוברים חיבור גמור.** אמנם כל צד המ"ה נקרא דכורא, יען הוא משפיע ומתקן לצד הב"ן, הנקרא נוקבא. וכל חסדים הם ממ"ה, וגבורות הם מב"ן.
גמרא בבא בתרא דע"ד ע"ב – אמר רב יהודה, אמר רב, כל מה שברא הקדוש ברוך הוא בעולמו, **זכר ונקבה בראם.**

וְהִנֵּה יֵשׁ עוֹד לְהַבְחִין המעיין בספר הזוהר הקדוש **בְּדֶרֶךְ פְּרָטוֹת** בשיעור קומה של פרצופים שבכל עולם ועולם, **אִם מְדַבֵּר** הדרוש **בְּפַרְצוּף עַתִּיק** ונוקבא דעתיק, **שֶׁבְּכָל עוֹלָם מֵהֶם.**

אוֹ בְּפַרְצוּף א"א ונוקבא דא"א, שבכל עולם מהם. **אוֹ בְּאַבָּא** ואימא עילאין, שבכל עולם מהם. **אוֹ בְּאִימָא** שהם פרצופי יש"ו"ת, שבכל עולם מהם.

כאן יש הגהה לרבינו יעקב צמח, הגהה זאת מבארת את הפרצופים הפרטים דאו"א דא"א. בפשטות[185] דרושי א"א מובן כי כתר דא"א כולל בתוכו את חכמה דא"א, שנקראת חכמה סתימאה, ובינה[186] דא"א לא היה בה כח לסבול את אור דעתיק יומין, לכן וירדה לגרון א"א. **בְּעוֹמַק** דבריו[187] הרב ז"ל חכמה[188] סתימאה הם או"א עילאין דא"א, ויש[189] בו גם את בחינת הדעת, והבינה היא ישסו"ת דא"א שירדו לגרון כדי לשמש לכתרים לאו"א דאצילות. את ההגה הזאת אפשר להבין[190] גם לפי דרוש הדעת[191]. והבינה דא"א, שהם ישסו"ת דא"א, הם[192] הכתרים דאו"א עילאין.

185

תרשים ה – ל"ח.

186

ע"ח שי"א פ"ג מ"ק דנ"א ע"ב – כי כבר כתבנו כי יש חילוק בין א"א לכל שאר הפרצופים, והוא כי מוחין דחו"ב שיש לכל פרצוף ופרצוף, שניהם בראש זה אצל זה, זה מימין וזה משמאל אבל חו"ב דא"א הם זה למטה מזה, **כי הבינה שלו לא היה בה כח להיותה למעלה אצל חכמה**, לקבל אור דעתיק יומין שבא אליה בלתי לבוש. ולכן החכמה בלבד נשארה סתומה בראש, **והבינה בגרון דא"א**, כי שם תוכל לקבל אור העתיק, בהיותה רחוקה למטה.

187

תרשים ה – ל"ט.

188

ע"ח שי"ט פ"ח מ"ב דצ"ד ע"ב – אמנם בינה שבו היא הבינה דחכמה דמ"ה, ועמה חלק מכתר דב"ן, ווירדה בגרון כנודע, ומשם יצאו או"א, זה ממ"ה, וזה מב"ן, כי גם שם יש חו"ב. כי בינה דמ"ה נעשית חכמה בערך חלק דב"ן, הנקרא בינה דב"ן. והענין כי אלו השתי בחינות הם דוגמת או"א ויש"וס"ת, **כי או"א במוחא סתימאה, ושניהן נקרא חכמה לבד. ויש"וס"ת הם בגרון, ושניהם נקרא בינה לבד**, וכמו שנבאר לקמן גבי או"א האמיתים, עיין שם.

189

חסדי דוד אות קי"ט דנ"ה ע"ג – יחוד הזכירה, תחילה יכוין לעתיק שהיא בוצינא דקרדינותא והיא אלהי"ם דההי"ן ברבוע המלובשת **במוחא סתימאה חכמה דא"א**. ומשם יכוון להמשיך החמשה חסדים והחמשה גבורות של **הדעת דמוחא סתימאה** בין תרין כתפין, וימשיך הכתף ימין.........

190

נהר שלום, דרוש הדעת דמ"א ע"ג – ונתחיל מן הראשון הנה ספירת הכתר היא נשמת האצילות, ונחלק לשלוש מוחין חב"ד, שהם נר"ן, שלוש חלקי הנשמה. כיצד, עתיק ונוקבא חו"ב, והם נשמה ורוח. ואריך ונוקבא הם זו"ן שבכתר, ונקרא דעת, ונפש, ושלשתם שלוש חלקי הנשמה. אחר כך ספירת חו"ב הם רוח דאצילות, ונחלקים לשלושה מוחין חב"ד, שהם נר"ן, שלוש חלקי הרוח. כיצד, או"א חו"ב, והם נשמה ורוח, והדעת שהוא זו"ן שבהם, שהם ישסו"ת, נקרא נפש, ושלשתם שלושה חלקי הרוח. ואחר כך ספירת הדעת היא נפש דאצילות, ונחלק לשלשה מוחין חב"ד, שהם נר"ן, שלוש חלקי הנפש. כיצד, זו"ן חו"ב, והם נשמה ורוח, והדעת של הדעת שהוא זו"ן, שבהם הם יעקב ולאה, ונקראים נפש, ושלשתם הם שלוש חלקי הנפש, וכל הבחינות הנזכרים כלולים מעשר, ומתלבשים זה בתוך זה.

191

תרשים ה – מ'.

192

תרשים ה – מ"א.

[הגהה] **כמה גם לס** במאמר **מדבליס** בספר הזוהר הקדוש **ביסו"ת שבגרון דא"א**[193] היינו הבינה דא"א שירדה לגרון[194], ולפי דרוש הדעת הבינה היא יסו"ת, **ונרמז בפרשת פנחס דף** לא גורסים **רע"א** אלא צריך לגרוס **רמ"א**[195] **ע"א לקאמר - ישראל סבא סתימאה קדישא**[196] ותבונה סתימא קדישא, שהם הבינה דא"א, שירדה לגרון דא"א. שמע מזה שלא מדבר בישראל סבא ותבונה הכללים שבאצילות, שנקראים יסו"ת קדישא. כאן הרב יעקב צמח מביא את מאמר הזוהר שמדבר על **ישראל סבא סתימאה קדישא**, שהוא **ישראל סבא דא"א**, כמו שבא"א יש בחינת מוחא סתימאה, שהיא החכמה העליונה הסתומה בתוך הגולגלת דא"א, שהיא בחינת או"א עלאין דא"א,שהם חו"ב דא"א. ולכן צריך להבחין אם מדובר ביסו"ת של עולם האצילות הכללי, או ביסו"ת דא"א שהם נמצאים בגרון. **ונראה לעניות דעתי שלא נזכר פה מפני שהוא מדבר כאן בפרצופים** הכוללים של עולם האצילות, ולא בספירות הפרטיות של א"א.

המשך הדרוש דמ"ב מספר אדם ישר.

או בפרצוף **ז"א**[197] הנקרא[198] ישראל שהוא ו"ק דמ"ה, הכולל את צד המ"ה דעטרת היסוד, הנקרא יעקב. ולאה שהיא ו"ק דב"ן, הכוללת את צד הב"ן דעטרת היסוד, הנקראת רחל, **או בנוקבא**[199] דז"א הנקראת רחל עקרת

193

הגהות ובאורים)א(– הנזכר בספר הזה.

194

ע"ח שי"ג פ"ח מ"ק דס"ה ע"ג – אמנם שינוי זה יש בא"א יותר מבשאר פרצופים, כי בגלגלתא שלו יש כתר וחכמה, אבל בינה ודעת אין בגלגלתא שלו. **ואמנם בינה דא"א, הוא סוד הגרון דא"א**, ותמן נחתת, ולא קיימא ברישאץ ומכאן תבין איך בינה נקרא גרון, ונקרא כתר, ונקרא שופר, כי הלא בגרון דא"א נעשה כתר לאו"א. נמצא כי ג"ר דא"א יתבי דא על דא, כתר, ותחתיו חכמה, ותחתיו בינה. ואינם בסוד קוין כתר למעלה, וחו"ב למטה משני צדי הכתר. ועיקר התיקון הזה הוא להיות קוין כנזכר לעיל בכמה מקומות. וטעם שינוי זה דא"א היה, כי כבר הודעתיך סוד המלכים שמתו הם סוד הנקודות, ואחר כך נתקנו ואמנם]ברישא[עתיק לא היה בו שום בחינת מלכים שמתו, כמבואר אצלינו אך מא"א ולמטה היה בו בירור שבעה מלכים. לכן א"א המלביש ומקבל אור דעתיק יומין עצמו, **לא היה כח אל הבינה שבו לקבל אורו, ולכן ירדה בגרון**, כי ממקום רחוק תוכל לקבל הארה, והטעם לפי שבינה דינין מתערין מינה, לכן אין בה כח לקבל החלק של אור דעתיק כמו החכמה, לכן החכמה נשארה במקומה, **והבינה ירדה בגרון**. ואמנם בשאר פרצופים כגון או"א וזו"ן כולם מקבלים אור דעתיק על ידי לבוש א"א, ויש בה יכולת להשיגו, ואין צורך להבינה שלהם לירד ולהתרחק. ואמנם אחר שירדה הבינה בגרון, ירד הדעת ונתלבש בו"ק דא"א עצמם, והיה רוחניות אליהם, ואין לו מקום מקובץ כי אם בין תרין כתפי דא"א הוא עומד, כנזכר במקום אחר.

195

זהר פנחס דרמ"א ע"א – **דישראל דקריב דקיימו על קרבנא** ישראל הם העומדים על הקורבן, **בצלותא** בתפילה שהקורבן יתקבל ברצון, **דהא צלותא על כלא הוה** כי מעלת התפילה על הקורבן יותר גדולה מעבודת הכהנים והלוים, כמו שכתב הרמ"ק שבח התפילה גדולה מהעבודה והשירה, **אתער לגבייהו** מתעורר כנגד **ישראל סבא סתמא קדישא** שהוא בחינת יסו"ת קדישא, שהם בינה דא"א שירדה לגרון.

196

הגהות ובאורים)א(– א"ה עיין בשער אנ"ך פ"ח בענין ישראל סבא שבגרון דא"א.

197

השמש]א[– הנקרא ישראל.

198

ע"ח ח"ב שי"ג פ"ב מ"ק דס"א ע"א – ותפארת דא"א מאיר בזו"ן, וזעיר אנפין הנקרא)נ"א בז"א ואז הז"א נקרא(ישראל, כלול בו גם כן יעקב, והכל פרצוף אחד. וכן בנוקבא כלול לאה ורחל, והכל פרצוף אחד, הרי שתי פרצופים כלילין בתפארת דא"א, ועם הארבעה ראשונים הרי שש. ואחר כך מתחלקים שני פרצופים

או בישׂראל סבא שהוא המלכות דאבא, שמלביש[200] מצד ימין על א"א מהחזה עד הטבור. **או** הבית.

בתבונה שהיא המלכות דאימא המלבישה מצד שמאל על א"א מהחזה ולמטה.

או בפרצוף יעקב[201] היוצא מאחוריים דאבא, שנפלו בעת מקרה המלכים לתחתית האצילות, והוא עומד מהחזה

דז"א ולמטה ופני ז"א בגבו, **או בלאה** שהיא יצאה מאחוריים דאמא שנפלו בעת מקרה המלכים בתחתית

האצילות, והיא עומדת מדעת דז"א עד החזה דז"א, כאשר פני לאה באחורי ז"א, פרצופים אלו לא יצאו הם חלק

מפרצופי האצילות שהרב כתב עליהם בתחילת הפרק, פרצופים אלו נתקנים מהארת המוחין דאו"א שנכנסים לז"א,

כאשר יעקב עומד בפני ישראל, ולאה עומדת מאחוריו[202], הנקראת[203] קשר של תפילין[204].

הרב ז"ל מבאר כאן כי כאשר האדם לומד ומעיין בספר הזוהר הקדוש, צריך להיות בקי בהקדמות וכללים רבים, אשר

מבוארים לקמן, ובכל ספרי הרב ז"ל. לדוגמה צריך לדעת באיזה פרטי פרטים המאמר מדבר, אם[205] ספירות דעיגולים,

---

הנזכרים לעיל לארבעה פרצופים, כי נצח דא"א מתלבש בז"א, הנקרא ישראל. והוד דא"א מתלבש בלאה.

ויסוד דא"א מתלבש ביעקב, ומלכות דא"א ברחל. הרי ארבעה פרצופים, ועם שש הראשונים הרי עשר

פרצופים משבעה תחתונות דא"א.

199

השמש [ב] – הנקרא רחל, כך הגיה הרש"ש ז"ל, ועיין דברי שלום דף ל"ב ע"א

200

תרשים ה – מ"ב.

201

ע"ח ח"ב של"ז פ"א מ"ת דנ"ח ע"א – ונבאר עתה ענין יעקב ולאה דרך כללות, הנה לעיל בארנו כי אלו

הם בחינת אחוריים של או"א שנפלו בעת מיתת המלכים, ולא ירדו לעולם הבריאה, אלא נשארו באצילות

במקום רחל שהיא נוקבא דז"א. לכן אין מיתה נזכר בהם, רק נפילה וביטול בעלמא. וכיון שכן, לכן בעת

התיקון של הזו"ן שהם ישראל ורחל, אחר שיתוקנו זו"ן יתוקנו אלו האחוריים הנזכרים לעיל, ואין להם יכולת

להתתקן כלל עד שיתוקנו זו"ן, ואף על פי שהם אחור דאו"א, שהם יותר גבוהים מזו"ן, והיה ראוי שיתוקנו

מקודם, עם כל זה כיון שהם אחוריים גמורים חיצונים שבאו"א, שהם דינין, לכן צריך שיתוקנו תחלה זו"ן

בבחינת הגדלות, כי יש בהם בחינת פנים גם כן, ואחר כך יתוקנו אחוריים של או"א.

202

תרשים ה – מ"ג.

203

ע"ח ח"ב של"ח פ"ב מ"ת דס"א ע"ב – ודע כי גם משה רבינו ע"ה, אשר עליו נאמר בזוהר שהשיג עד

הבינה, אינו אלא מן הלאה הזאת הנמשכת ממלכות דבינה. ונעשית **ד', קשר של תפילין.** וזה סוד וראית את

אחורי, כמאמר רז"ל בגמרא - מלמד שהראהו קשר של תפילין, גם ענינו לומר **כי לאה העומדת בקשר**

תפילין, היא רואה את אחור ז"א, כי היא עומדת ופניה נגד אחורי ז"א כנזכר לעיל. והנה משה הוא בלאה, וזהו

- וראית את אחורי, והדברים מובנים.

204

גמרא ברכות ד' ז' ע"א – הסירתי את כפי וראית את אחרי. אמר רב חנא בר ביזנא, אמר רבי שמעון חסידא,

מלמד שהראה הקדוש ברוך הוא למשה, **קשר של תפילין.**

205

ע"ח ש"א ענף ב' מ"ב די"א ע"ג – ואמנם ההפרש שיש בין שתי הסברות, **אם הם בדרך קוים או**

בעיגולים, זה תוך זה, נבאר בעזרת השם בענף זה, **ושים לבך בדברים שיתבארו עתה,** ומהם תשכיל כל

מוצא דבר, כי שתי הסברות נכוחות ואמיתים, כי שתי בחינות היו בענין העשר ספירות, **אחד הוא בחינת**

היותם עיגולים בציור עשר עיגולים, זה תוך זה. וגם היה בהם בחינה אחרת, והוא היותם **עשר ספירות**

51

או בספירות דיושר. אם באורות הנרנח"י, או בכלים. אם באור הפנימי, או באור המקיף, אם בכלי הפנימי, או בכלי החיצון. אם[206] לפני התיקון עולם האצילות או[207] אחרי תיקונו.

עוֹד צריך להבחין כאשר לומדים בספר הזהר הקדוש **פרטי פרטים, אם מדבר** הדרוש בספר הזוהר **בעשר** הספירות **דעגולים, או בעשר** הספירות **דיושר, ואם** באור המקיף, ואם באור פנימי. ואם בעצמות שהם האורות דנרנח"י, והם האורות המתפשטים בתוך הכלים, או בכלים עצמם, גם צריך לדעת אם מדובר בכלי[208] הפנימי או בכלי החיצוני.

וגדולה מכולם צריך להבחין על איזה זמן ועת מדבר אותו דרוש, כי אופני ופעולות העשר הספירות משתנה מזמן לזמן, וגם במצבן, ובעמדן[209], וזסרונם, ובמילואם[210] עצמו

ביושר דרך שלוש קוים, כמראה אדם, בעל ראש וזרועות ושוקיים וגוף ורגלים, כמו שאכתוב היטב כולו בענפים בעזרת השם לקמן.
206

ע"ח שי"א פ"ה מ"ת דנ"ב ע"א – עוד שינוי אחר היה בהם אשר בו יתבאר מילת תיקון מה ענינו, והוא כי שלוש נקודות הראשונים מלבד, מה שיצאו כל אחד מהם כלולה מעשר, עוד זאת היתה בהם שהיו עשר שבו מחוברות יחד, ולא נפרדות זו מזו. אמנם ששה נקודות דז"א מלבד, היותן שש חלקי נקודה אחת, וחסרו מהם מהם הג"ר שבהם. **עוד שינוי אחר בהם שהיו נפרדות זה מזה,** ולא מחוברות.
מבוא שערים ש"ב ח"ב פ"ז דט"ו ע"א – וגם כי העשר ספירות היו כל אחד במקומה, זו למעלה מזו. ואין האחת נכנסת מתוך חבירתה שלמטה ממנה. אך אחר התיקון נתארכו, ונתפשטו כולם עד למטה בסוף האצילות, כנודע כי פרצוף עתיק ואריך ואבא, כולם נתפשטו עד סוף האצילות. ונתלבשו זה בתוך זה.
207

ע"ח ש"י פ"ג מ"ת דמ"ח ע"ד – אבל מה שנשתנה עתה מבראשונה בעת יציאת נקודות העינים, הוא זה, כי אז היתה נקודת הכתר במקומה לבד בפני עצמה, ואחריה נקודת החכמה לבדה בפני עצמה, וכן על דרך זה היו כל העשר ספירות. **אבל עתה נתוסף תיקון גדול,** והוא כי נקודת הכתר נמשכה ונתפשטה ממקומה, עד למטה קרוב אל סיום רגלי א"ק, כמו שנבאר בע"ה. וזה ההתפשטות הוא כל שיעור הנקרא בשם עולם אצילות, ונקודה זו היא נקראת נוקבא)נ"א נקודת(דעתיק יומין, וכן על דרך זה עתיק יומין דדכורא, הנעשה מטעמים דמ"ה כנזכר לקמן, גם הוא מתפשט לשיעור הנזכר לעיל. וכן עשו כל השאר א"א ונוקבא, ואו"א, וזו"ן, והלבישו זה את זה, עד בחינת זו"ן, באופן שכל רגלי הפרצופים דאצילות, בין דעתיק, בין דא"א, בין דאו"א, בין דזו"ן, כולן שוין בסיומם, והם מסתיימים יחד מעט למעלה מסיום רגלי א"ק, ושם הוא סיום האצילות כולו. ועל ידי כך נעשה נשמה זה לזה ,וזה מלביש לזה. וגם כי על ידי זה יוכלו הנבראים לקבל אורות העליונים שהם עתה מכוסים, ומתלבשים זה תוך זה.
208

ע"ח ח"ב ש"מ דרוש י' מ"ב דפ"ד ע"א – דע כי בכל עולם מאבי"ע יש בו עצמות וכלים, והעצמות נחלק לחמשה בחינות נרנח"י פנימיים, ושתי מקיפים, חיה ויחידה, וזה נקרא עצמות האורות, וזה העצמות מתלבש תוך הכלים. וכמו שהעצמות נחלק לפנימי ומקיף עליו, ומקיף גדול מהפנימי, **כן הכלים נחלקים לשניים, חיצון ופנימי, והחיצון גדול מהפנימי,** אלא שאחר כך על ידי שיש דביקות אור הפנימי בכלי הפנימי, מזדכך יותר מהכלי החיצון.
209

הגהות וביאורים)ג(– פירוש, כמו שכתוב בשער התיקון פרק ג', ומבוא שערים דף ט"ל פרק ז', דקודם התיקון לא היו מתפשטין כל אורך אצילות עד מטה, לא כן אחר התיקון. שמן ששון.
210

מְסַפֵּר מלשון סיפור דברים. **אם בְּעֵת שֶׁנֶּאֱצְלוּ** לפני התיקון, שעמדו[211] הספירות בחד סמכא, הנקרא[212] עולם הנקודים, או אחרי התיקון האצילות, הנקרא[213] עולם הברודים, ועתה[214] הספירות עומדות[215] בשלוש קוין, הנקראים בכללות חח"ן בג"ה דת"י, בסוד רשות היחיד.

עוד[216] המעיין צריך להבחין **אם** מעמד הספירות היה **בְּעֵת קִיטְרוּג הַלְּבָנָה**[217]. **וְאם בְּעֵת בְּרִיאַת אָדָם הָרִאשׁוֹן** בטרם[218] שחטא, שתיקן את העולמות בסוד הפסוק[219] - לעבדה ולשמרה, והיו זו"ן

הגהות וביאורים)ד(– פירוש, דקודם התיקון יצאו חסרים מג"ר, ואחר התיקון באו הג"ר ונתמלאו כל אחד מעשר ספירות. ועיין שער המלכים פרק ה' ופרק ז', ושער התיקון פרק ה'. שמן ששון.
211

ע"ח ש"ט פ"ג מ"ת דמ"ב ע"ד – והנה לטעם זה עצמו היה גם כן שינוי אחר, בין ג"ר שהם כח"ב, אל השבעה מלכים התחתונים. כי הג"ר יצאו בקצת תיקון בראשונה, והוא כי כאשר יצאו בראשונה נתפשטו כסדר שלוש קוין, משאין כן **שבעה תחתונות שיצאו זו למטה זו**. וזה שכתוב באדרא רבא - עד אימת ניתב בקיימא דחד סמכא, ר"ל נתקן התיקון שהוא דרך קוין, **אבל קודם שהיו זה על גבי זה, הוי קיומא דחד סמכא.**
212

תרשים ה – מ"ד.
213

ע"ח ש"י פ"ד מ"ק דמ"ט ע"ב – אחר כך יצא שם מ"ה מהמצח דא"ק, והוא סוד טעמים ונקודות הראשונות מס"ג, נקרא עתה ב"ן. ונתחברו עתה מ"ה וב"ן, ומהם נתקנו כל הנקודות שהם המלכים שמתו, ושאר המלכים שלא מתו. שבין כולם נקרא אצילות, **ועתה אחר התיקון נקרא ברודים**, והוא שבא אחר הנקודים.
214

ע"ח ח"ב שכ"ח פ"א מ"ת די"ח ע"ב – והנה עתה בא עת וזמן תיקון שבעה תחתונות שבאצילות, אשר מהם נעשה זו"ן אחר התיקון. הנה רצה המאציל העליון לתקנם, כי בתחילה היה כל אחד מהם מובדלת מחברתה הבדל גמור, והיה נקרא רשות הרבים כמבואר היטב, עיין שם איך לסיבה זו לא יכלו הכלים האלו לקבל האורות שבתוכם, ונשברו ומתו. לכן רצה המאציל העליון לתקנם, **ואי אפשר להתתקן אלא אם כן יתחברו יחד כל הו"ק**, זו בזו, **בסוד פרצוף אחד, מקושרים זה בזה**, כנזכר שם ביאור הפרצוף **המקושר דרך קוין מה ענינו.** ועל ידי זה יחזור **להיות רשות היחיד**, שהוא פרצוף אחד כלול, הנקרא ז"א.
215

תרשים ה – מ"ה.
216

ע"ח של"ו פ"ב מ"ב דנ"ה ע"ד – וכאשר הירח קטרגה, אז נתמעטה מן שיעור הנזכר לעיל, וחזרה להיות כבתחילה **בבחינת המיעוט יותר גדול שאפשר להיות**, והוא שהעשר ספירות שלה חזרו ונתעלו ונסתלקו בשרשיהן, בתשע ספירות של ז"א, כי משם יצאו כנזכר לעיל. ולא נשאר רק המלכות שבה, שהיא נקודה אחת, כלולה מעשר, תחת אחורי היסוד של ז"א. וזהו ענין לכי ומעטי את עצמך, שנסתלקו תשע ספירות שלה העליונים, ועלו בז"א, והיא נשארת נקודה מעוטה, **וירדה תחת אחורי היסוד.**
217

גמרא חולין ד"ס ע"ב – רבי שמעון בן פזי רמי כתיב - ויעש אלהי"ם את שני המאורות הגדולים, וכתיב את המאור הגדול ואת המאור הקטן, אמרה ירח לפני הקדוש ברוך הוא, ריבונו של עולם אפשר לשני מלכים שישתמשו בכתר אחד, אמר לה לכי ומעטי את עצמך. אמרה לפניו, ריבונו של עולם הואיל ואמרתי לפניך דבר הגון אמעיט את עצמי, אמר לה לכי ומשול ביום ובלילה, אמרה ליה מאי רבותיה דשרגא בטיהרא מאי אהני, אמר לה זיל לימנו בך ישראל ימים ושנים. אמרה ליה יומא נמי, אי אפשר דלא מנו ביה תקופותא - והיו לאותות ולמועדים ולימים ושנים. זיל ליקרו צדיקי בשמיך, יעקב הקטן, שמואל הקטן, דוד הקטן. חזייה דלא קא מיתבא דעתה, אמר הקדוש ברוך הוא הביאו עלי כפרה על שמיעטתי את הירח. והיינו דאמר רבי שמעון בן לקיש - מה נשתנה שעיר של ראש חדש, שנאמר בו להוי"ה, אמר הקדוש ברוך הוא שעיר זה יהא כפרה על שמיעטתי את הירח.

עומדים פנים בפנים. **ואם בעת שחטא** בחטא[220] עץ הדעת, ובגלל החטא **שנשתנו כל העולמות** וירדו ממדרגתם. **אם ב**זמן **דור המדבר** שאז עיקר ההנהגה של כלל ישראל היתה על ידי פרצוף הנקרא לאה דור המדבר, והיא[221] הארה העומדת בין פרצוף יעקב הנמצא לפני פרצוף ז"א, והיא[222] דוגמת לאה קשר של תפילין, ופרצוף[223] לאה דור המדבר נתבטל בזמן שבני ישראל נכנסו לארץ ישראל. **אם**[224] ב זמן **בית**

218

ע"ח ח"ב שמ"ז פ"ה מ"ק דק"ז ע"ד – והענין כי קודם שבא אדם הראשון, וקודם בריאת עולם, היו זו"ן אחור באחור, ולכן כל העולמות כולן היו אחור באחור, בסוד העשיה שהוא אחור באחור. לכן ט"ל מלאכות הם בסוד העשיה, כי שם הוא המעשה. וכולם היו בסוד אחור באחור. ואחר שבא אדם הראשון, ותיקן על ידי תפלתו את העולמות, **בסוד לעבדה ולשמרה**. הנה עד שבא אדם הראשון היו ששת ימי המעשה בסוד ט"ל מלאכות הנכרים לעיל, בהיותן אחור באחור, ואז הוא גרם הנסירה העליונה, וחזרו זו"ן פנים בפנים.

219

בראשית ב' ט"ו – ויקח הוי"ה אלהי"ם את האדם ויניחהו בגן עדן **לעבדה ולשמרה**.

220

שער מאמרי רשב"י, פרשת קדושים דל"ה ע"ד – ואחר שחטא אדם הראשון בעץ הדעת, שהוא עולם העשיה, שנצטוה שלא יאכל ממנו, כי אין לו חלק בעשיה רק מן היצירה ולמעלה כנזכר לעיל. וכיון שעבר ואכל מעץ הדעת, שהוא עשיה, **גרם פגם בכל העולמות, וכולם ירדו ממדרגתם**. באופן זה כי היצירה נתלבשה בעשיה..... כיון שהיצירה מתלבשת בה, וכן הבריאה מתלבשת ביצירה, ונוקבא דאצילות נתלבשה בבריאה, וז"א נתלבש בנוקביה. וכן על דרך זה בכל העליונים ממנו, כולם ירדו ממדרגתם.

221

ע"ח ח"ב של"ב פ"א מ"ת דל"ה ע"א – והנה זאת **הארה** שאמרנו שמפסקת בין פני ז"א אל אחורי יעקב, הוא בחינת לאה אשת יעקב, כי כמו שיש לאה אחת באחור זעיר אנפין, **כך יש לאה אחרת באחורי יעקב,** ומבחינה לאה זו יצאו כל דור המדבר שיצאו ממצרים. **ושלא נחליף בדברינו בין לאה ללאה** לכן מכאן והלאה נכנה ללאה זו השניה שבאחור יעקב, **דור המדבר** לסיבה הנזכרת לעיל. **ובכל מקום שנזכיר דור המדבר, הוא ענין לאה זו השניה.** וכבר זכרנו לעיל ובארנו שם קצת טעמים, עיין שם. אמנם דור המדבר הזה אחוריה הם נגד פני הז"א, ופניה נגד אחורי יעקב, כי כמו שמבואר לעיל, כי לאה פניה כלפי אחורי ז"א, כן דור המדבר פניה כלפי אחורי יעקב.

222

תרשים ה – מ"ו.

223

ע"ח של"ב פ"ג מ"ת דל"ו ע"ג – ואמנם אין ענין זה רק אחר שמתו כל דור המדבר, **כי אז נתבטל הארת דור המדבר הנקרא גם כן לאה אשת יעקב** כנזכר לעיל. ובזה אין הפסק בין רחל העומדת במקום יעקב אל הז"א, כדי להזדווג עמו, שאין שם בחינת דור המדבר, כדלקמן בע"ה. **אבל כל זמן שהיו דור המדבר קיימים היה אותו הבחינה של לאה אשת יעקב הנקרא דור המדבר, ששם במקומה**. ולא היה זווג לרחל עם ז"א הנקרא ישראל, אבל הזווג היה מן יעקב עם בחינת לאה הזאת, הנקרא דור המדבר כנזכר לעיל.

שער הפסוקים, פרשת שמות דכ"ד ע"א – ואם תומר, והרי עדיין הארת דור המדבר מפסקת בינה לבינו. והתשובה היא, **כי אותה ההארה הנקראת דור המדבר, לא נתקיימו רק באותם ארבעים שנה שהיו ישראל במדבר**, וכל הזווגים הנעשים בזמן ההוא, היתה עם ההארה הזאת הנקראת דור המדבר, כי היא אשת יעקב כמו שיתבאר לקמן. וכאשר רחל מזדווגת עם ז"א, אחר הארבעים שנה, **כבר נתבטלה משם הארת דור המדבר**, ועומדת שם במקומה, בסוד בארה של מרים, כמו שנבאר עניינו לקמן, ועיין שם.

224

שער הכוונות, דרושי הלילה, דרוש ד' דנ"ג ע"ג – אמנם סוד הענין, דע כי קודם חורבן בית המקדש כמעט שלא היו צריכים ישראל להתפלל, **לפי שזו"ן היו תמיד פנים בפנים**, כי מוחין דז"א היו קיימין בו תמיד, ולא היו מסתלקים כלל, ולא היה אז צורך אל מעשה התחתונים ותפלתם, כדי להמשיך מוחין אל זו"ן כדי לזווגם פנים בפנים. אבל אחר חורבן בית המקדש בעונותינו הרבים, נסתלקו המוחין מן זו"ן. ועל ידי תפלתנו

רִאשׁוֹן שאז[225] זו"ן היו עומדים גם בימי השבת וימי החול פנים בפנים. **וְאִם בְּעֵת זִוּוּרְבֵּנוּ** של[226] בית המקדש הראשון, התמעטה הנוקבא דז"א לספירה אחת העומדת מאחורי היסוד דז"א. ואחר כך עמדה מהחזה דז"א ולמטה בימי החול, אחור באחור עם ז"א. ובשבת היא חוזרת עמו פנים בפנים. **וְאִם בִּזְמַן בֵּית עָנִי** שאז[227] חזרו זו"ן למדרגת פנים בפנים, אך לא כמו בזמן בית המקדש הראשון, בסוד[228] חמשה דברים שחסרו בבית שני.

וְאִם בְּעֵת זִוּוּרְבֵּנוּ של בית המקדש השני, שהנוקבא[229] ירדה בתכלית הירידה, כמו בזמן חטא האדם הראשון, ומצב זה נשאר עד ביאת משיח צדקנו במהרה בימינו, אמן.

אנו גורמין להחזיר ולהמשיך מוחין בזו"ן, כדי שיזדווגו בעת התפילה, וישפיעו שפע בעולם, ואחר התפלה חוזרין המוחין להסתלק מהם, עד זמן תפלה האחרת, וכך דרכם תמיד בכל תפלה ותפלה של ימי החול.
225

ע"ח ח"ב של"ו פ"ב מ"ב דנ"ו ע"ד – ואחר כך כאשר נבנה בית ראשון, על ידי שלמה, נתוסף עוד בה [**אַחַ**]**יי** - הנוקבא דז"א, רחל עקרת הבית] בחינה אחרת, **והיא כי בין בשבת בין בחול, לעולם היתה עמו פנים בפנים**, בחינה שישית. אמנם הבחינה שביעית שהוא היות שתי מלכים משתמשין בכתר אחד כנזכר לעיל, לא היתה כך לעולם, עד לעתיד לבוא. ואלו היה כן בבית ראשון, לא היתה אומה ולשון שולטת בנו כלל עוד.
226

ע"ח ח"ב של"ו פ"ב דנ"ו ע"ד – ואחר כך כשגרמו העונות, נחרב בית ראשון, ובעת חורבן עצמה **ירדה המלכות אחורי היסוד דז"א**. אמנם תשע ספירות העליונים שבה לא ירדו לקליפות, כמו שהיה בחטאו של אדם הראשון, אמנם עלו למעלה בתוך ז"א בשרשיהן, כנזכר לעיל בענין מיעוט הירח, ואלולי שנתמעט המיעוט הזה הגדול, לא היה יכולת אל הקליפות ולאומות העולם להחריב בית המקדש. אך אמנם חזרו תשע ספירות עליונים להתעלם למעלה בז"א, לא שלטו בהם הקליפות. **אמנם תכף אחר החרבן חזרה הנוקבא להתתקן, בבחינה שלישית, ונעשה פרצוף של עשר ספירות אחור באחור מהחזה ולמטה**, ואף כי גם אז היו מאירין בה חמשה ראשונות של ז"א, וכל זה בחול. **כי בשבת היתה פנים בפנים בבחינה שישית**. נמצא כי בעת חרבן בית ראשון באותו גלות של שבעים שנה דבבל, היתה הנוקבא ממש כמו שהיתה ביציאת מצרים, ודור המדבר.
227

ע"ח ח"ב של"ו פ"ב מ"ת דנ"ז ע"א – אחר כך בבית שני, עלתה בימי השבת פנים בפנים בבחינה שישית, אך בימי החול עלתה פנים בפנים של בחינת החמישית, שהיתה פרצוף בעשר ספירות שלימות, ושיעור קומתה מהחזה שלו ולמטה פנים בפנים, והיו חמשה ראשונות שלו מאירין בה מרחוק. אמנם לא עלתה היא כנגדן ממש כמו שהיתה בבית ראשון בימי החול. וזה הענין שחסר חמשה דברים בבית שני, ואלו הם אורים ותומים וכו'.
228

גמרא יומא דכ"א ע"ב – ונתנו בני אהרן הכהן אש על המזבח, ואף על פי שאש יורדת מן השמים, מצוה להביא מן ההדיוט. **רבוצה כארי**, והתניא אמר רבי חנינא סגן הכהנים, **אני ראיתיה ורבוצה ככלב**. לא קשיא, **כאן במקדש ראשון כאן במקדש שני**. ובמקדש שני מי הוא, והאמר רב שמואל בר אינאי, מאי דכתיב - וארצה בו ואכבד, וקרינן ואכבדה, מאי שנא דמחוסר ה"א. אלו חמשה דברים שהיו בין מקדש ראשון למקדש שני, ואלו הן, ארון, וכפורת, וכרובים, אש, ושכינה, ורוח הקודש, ואורים ותומים.
229

ע"ח ח"ב של"ו פ"ב מ"ת דל"ז ע"א – והנה אחר כך בחורבן בית שני, היתה המיעוט היותר מועט שבכל הזמנים, והוא דומה ממש אל זמן חטא אדם הראשון, והוא כמו שהיתה בבחינה ראשונה של אצילות אחור באחור, שהיתה בבחינת נקודה כלולה מעשר, שהיא המלכות שבה בלבד, אחור באחור תחת היסוד שלו. ונתוסף בה פגם, שאותן התשעה ספירות שלה ירדו למטה בין הקליפות, ואז סמכין אתאבידו, שהם נה"י ז"א הסומכים אותה. וזה סוד - השליך משמים ארץ וגו'. כי תפארת ישראל שהוא ז"א, השליך את המלכות הנקרא ארץ, שהיתה תחלה בתפארת שבו, הנקרא שמים, ומשם השליכה אפילו למטה מהדום רגליו, שהם נה"י שבו, ונפלה תחת היסוד שבו, באחוריו.

הרב ז"ל מבאר כי[230] **יש שיבוי במצב ומעמד הספירות בבחינת הזמן,** אם[231] ביום חול, שבת, או יום טוב, אם ביום או בלילה, או בכל[232] שעה ושעה, ובכל[233] רגע ורגע משתנה מצב ומעמד העולמות, ובגלל[234] זה משתנים הנאצלים. בכללות[235] הסוגיה הזאת היא סוד פרצוף הזמנים[236], ופרצוף הימים[237].

230

בן איש חי, שנה ראשונה, הקדמה לפרשת תרומה – והנה נודע כי אנשי כנסת הגדולה בתחילה תקנו שתים עשרה ברכות אמצעיות, אשר בין כולם הם שמונה עשרה, אך בזמן רבן גמליאל תקנו ברכה על עקירת המלשינים, בשביל תיקון ספירת הכתר, ונעשו בין הכל תשע עשרה ברכות, ונמצא בכל שלש תפלות שבכ"ד שעות יש צ"ה ברכות, עם שתי חזרות של שחרית ומנחה, כמנין המים, ובזה פרשתי בסייעתא דשמיא - שלח לחמך על פני המים כי ברוב הימים תמצאנו, דשפע פרנסה טובה לתחתונים ימשך על ידי התפילות, וגם בירור ניצוצי קדושה שהוא מזון העליונים, גם כן יהיה, על ידי התפילות. **אך יהיה דבר יום ביומו לצורך הפרצוף וספירה שהוא כנגד אותו היום,** וכמו שכתבת רבינו האר"י ז"ל, ולכן כתב רבינו הרש"ש ז"ל בנהר שלום **שצריך המתפלל לידע באיזה פרצוף היא אותה השנה, ובאיזו ספירה הוא אותו החודש, ובאיזו ספירה מספירות אותה הספירה הוא אותו שבוע, ובאיזו ספירה משש ספירה קצוות דאותו שבא הוא אותו היום, כדי לברר ולהעלות הברורים המתייחסים לכל יום ויום כראוי וכנכון וכו',** עיין שם. ולזה אמר שלח לחמך, הוא מזון שלך על פני המים, הם שלש תפילות שיש בהם ברכות כמנין המים, כי ברוב הימים תמצאנו, כלומר דבר יום ביומו דאם עבר יומו בטל קרבנו.

231

שער הכוונות, דרושי ראש חודש דע"ו ע"א – הנה ענין זה נתבאר במקום אחר בתפילת ראש השנה, ועיין שם. **אבל סוד הדבר הוא כי ביום החול** עומד ז"ל בנצח, ונוקבא בהוד. וסוד העניין הוא שנודע כי פרצוף יעקב יוצא מיסוד אבא, ורחל יוצאת מיסוד אימא, וביומי החול עולים יעקב ורחל]**אח"י** - יעקב ורחל הקטנים, שהם עטרות דיסוד, המלכויות דמ"ה וב"ן דז"א[בנצח והוד דז"א, והארותיהם מתחלקות, כי עם היות ששני ההארותיהם הם יחד, שניהם עומדים תוך ז"א, עם כל זה כשיוצאות אלו הארות לחוץ, ושם עומדים יעקב ורחל פנים בפנים, ויעקב עומד בצד הנצח ורחל בצד ההוד, ואז הארות יסוד אבא בוקעים דרך הנצח דז"א, ויוצאים לחוץ, והארות יסוד דאימא בוקעת דרך ההוד דז"א, ויוצאות לחוץ. ואז יעקב לוקח הוא לבדו שני הארות הנזכרים ביחד, ואחר כך מעכב לעצמו אורות יסוד דאבא, ונותן לרחל אורות דיסוד דאימא לבדם. **וביום השבת** גם כן דומה לזה בבחינה זו, והוא כי ז"א לוקח בתחילה לעצמו שני הארות דיסוד דאבא ודיסוד דאימא, ואחר כך נותן אורות דאימא לנוקבא, וכל זה הוא, להורות כי איתתא יתבא ברשות דבעלה, ומשלו היא אוכלת, ואין לה הארה אלא על ידי בעלה. **וראש חודש ויום טוב** הם שוים בבחינה אחת, והוא כי אין הזכר לוקח בתחילה הארות הנקבה כדי ליתנם אחר כך אליה, אמנם שניהם שוים, וכל אחד לוקח הארתו לעצמו, ואין זה צריך לזה, ולא זה צריך לזה, כי שניהם שוים. ואמנם אף על פי שבבחינה זו שוים היום טוב לראש חודש, אבל יש ביניהם חילוק אחד, וכן היום טוב עצמם יש ביניהם הפרש מיום טוב לחבירו, וכמו שמצינו בספר הזוהר ובתיקונים, כי פסח הוא דרועא ימינא, וראש השנה דרועא שמאלא, וסוכות באמצעיתא, ופורים וחנוכה נצח והוד כו'. והענין הוא, כי אף על פי שאמרנו שבשיום טוב שוין זו"ן, עם כל זה **בחג הפסח** אף על פי שעולין זו"ן ביחד, אין שורש האורות בוקעין משני הצדדין מנצח והוד, אמנם שני האורות מתחברים ובוקעים קו הנצח כנזכר לעיל, והחסד שהוא בימין, ויוצאין משם לחוץ. ואז ז"א לוקח אורותיו אשר מיסוד דאבא לעצמו על ידו, ונוקבא לוקחת אורותיה אשר מיסוד דאימא לעצמה שלא על ידי ז"א. **ובראש השנה** אז שנה הארות בבוקעים בקו שמאל, שהוא גבורה, ומשם יוצאו לחוץ. ואז ז"א לוקח לעצמו בידו אורות דאבא משם דרך קו שמאל, ונוקבא לוקחת לעצמה על ידי אורות דאימא דרך קו שמאל. אמנם להיות כי עתה יוצאים האורות כולם דרך קו שמאל, לכן הוא יום דין, והנקבה שולטת ביום זה, יותר מן הזכר. **ובחג הסוכות**]**אח"י** - נראה לעניות דעתי שצריך לגרוס - **חג השבועות**[שני האורות בוקעים ויוצאים דרך קו האמצעי, ומשם לוקח ז"א האורות של אבא לעצמו, ונוקבא לוקחת האורות אימא לעצמה שלא על ידי ז"א. ואמנם ההפרש שיש בין היום טוב לראש חודש הוא זה וצריכין אנו לבאר בבחינת השבת, והחול, והיום טוב והראש חודש. דע כי אף על פי שבבחינה אחת שום שום החול והשבת כנזכר לעיל, עם כל זה יש ביניהם הרחק גדול, והוא **כי החול** גרוע מכל השאר, לפי שאין בו עליות, ועוד כי הנקבה מקבלת אורותיה על ידי בעלה כנזכר. **והשבת** מעולה מכל השאר לפי שאין השאר בבחינה אחד, כי עליותיו גבוהים מאד מאד, אבל בבחינה אחרת הוא כמו החול,

כי הנקבה אינה מקבלת הארותיה אלא על ידי בעלה כנזכר לעיל. **והיום טוב** בבחינה אחת הם בינונים וממוצעים, כי עליותיו גדולות מן החול, לפי שבחול אין בו עליות, וביום טוב יש בו עליות, אבל עליותיו גרועות מעליות יום השבת. ובבחינה אחרת מעולה מן השבת. כי בשבת הנקבה מקבלת הארותיה על ידי בעלה, וביום טוב מקבלת הארותיה על ידי עצמה. והראש חודש מעולים מן החול ומן השבת בבחינה אחת, כי הנקבה עולה יותר מן הזכר, כמו שנבאר. אבל בערך שעליותה מועטות הם, גרועות מן השבת ומן היום טוב. והענין הוא, כי בשבת עולין זו"ן זה עד א"א בדיקנא דיליה, וזו עולה במקום אבא. וביום טוב עולין זו"ן זה באבא וזה באמא. ובר"ח אין עלייה אל ז"א כלל, רק הנקבה היא לבדה העולה ממדרגה למדרגה, כמו שנבאר.
232

גמרא ראש השנה דט"ז ע"א – רבי יהודה אומר הכל נידונין בראש השנה, וגזר דין שלהם נחתם כל אחד ואחד בזמנו. בפסח על התבואה, בעצרת על פירות האילן, בחג נידונין על המים. ואדם נידון בראש השנה, וגזר דין שלו נחתם ביום הכפורים, רבי יוסי אומר אדם נידון בכל יום שנאמר - ותפקדנו לבקרים. רבי נתן אומר **אדם נידון בכל שעה שנאמר - לרגעים תבחננו.**
233

גמרא עבודה זרה ד"ד ע"א – רב פפא רמי, א"ל זועם בכל יום, וכתיב - לפני זעמו מי יעמוד, לא קשיא, כאן ביחיד, כאן בצבור. תנו רבנן א"ל זועם בכל יום, וכמה זעמו, **רגע**, וכמה רגע, אחת מחמש ריבוא ושלשת אלפים ושמונה מאות וארבעים ושמנה בשעה, זו היא רגע **]אח"י** - אחד מ 53,848 חלקים של השעה הזמנית[, ואין כל בריה יכולה לכוין אותה רגע, חוץ מבלעם הרשע, דכתיב ביה - ויודע דעת עליון.
234

ע"ח ש"ג פ"ב מ"ב דט"ז ע"ד – אמנם דע כי כל בחינת חמשה פרצופים שבכל עולם ועולם הנזכרים לעיל. הנה כל אחד כלול מרמ"ח אברים ושס"ה גידין, **וצריך המעיין לחקור** על ניתוח אברים שבכל פרצוף ופרצוף, איך יפגשו אבר פרצוף זה, באבר פרצוף המלבשת אותו, כי אין עומדים כל הפרצופים בשוה, ובקומה אחת. נמצא כי ראש המלכות דעשיה נפגשה בתחתית העקב דא"ק, וכן על דרך זה בכל שאר הבחינות, לא יכילם העין, כי אם נגולו כספר השמים. וכפי דבוק זה האבר שבזה הפרצוף, באבר הפרצוף שכנגדו, לפעמים יפגשו עין בחוטם, ואזן בעקב, וכיוצא בזה לאין קץ. וזהו ענין חכמת הצירוף כ"ב אותיות א"ב, אל"ף עם כולם, וכולם עם אל"ף, וכיוצא בשאר האותיות. והם **גורמים השינוי** שאין לך יום שדומה לחבירו, ואין צדיק דומה לחבירו, ואין בריה דומה לחבירתה, וכל הנבראים כולם לצורך גבוה, כי אין יניקת כולם שוה, אף לא תיקון כולם שוה, ותתקן החלבנה בקטורת מה שלא תתקן הלבונה, לכן היה צריך באלו העולמות טוב ורע ובינוני, ובכל אחד מינים לאין קץ.
235

נהר שלום דכ"ד ע"א – ואלו הזו"ן הכוללים דכל הכ"ד שעות הם זו"ן דפרטות דספירה אחת, **הוא פרצוף אחד, דמלך אחד אחד משבעה מלכי זו"ן הכוללים דכל שבוע, אשר תיקונם הוא בהמשך שבוע אחד, מלך אחד ליום,** וביום שבת הוא זווג,)וסדר תיקונם וזכותם ועלייתם הוא משבוע לשבוע, **עד א"ס ב"ה,** ספר כתב יד(. ואלו הזו"ן הכוללים דכל שבוע, הם מלבד הזו"ן הפרטים דאבא, או דז"א, או דנוקבא דז"א)הכוללים(דכל חדש, **אשר תיקונם הוא בהמשך ארבעה שבועות דכל חדש,** ואלו הזו"ן)דכל חדש הם זו"ן דפרטות דספירה אחת **מו"ק דזו"ן** דכללות דששה חדשי הקיץ או החורף, כי בהמשך ששה חדשי החורף נתקני' ו"ק דז"א, והם מ"ה דמ"ה עם מ"ה דב"ן. ובששה חדשי הקיץ נתקנים ו"ק דנוקבא, והם ב"ן דמ"ה עם ב"ן דב"ן. כל קצה בחדש אחד, חסד בתשרי, גבורה בחשון, כו'. כל חדש כלול מארבעה שבועות, שבהם נתקנים ארבעה אותיות הוי"ה דכללות העשר ספירות דכל קצה, שהם או"א וזו"ן דאותו הקצה. **וכל שבוע כלול משבעה ימים, לתקן השבעה מלכים דכל אחד מארבעה פרצופים הנזכרים לעיל דכל קצה.** ספר כתב יד(. ובכללות קיץ וחורף נתקנים הזו"ן דכללות השנה, אשר כל עצמם הם זו"ן דפרטות דספירה אחת, **שהוא פרצוף אחד דמלך אחד משבעה מלכי זו"ן הכוללים דכל שמיטה, שתיקונם הוא בהמשך השבע שנים דכל שמיטה,** וכל עצמם הם זו"ן דפרטות דספירה אחת, שהוא פרצוף אחד, דמלך אחד משבעה מלכי זו"ן הכוללים דכל יובל, **אשר תיקונם הוא בהמשך שבעה שמטות.** וכל אלו סדר תיקון הבירורים שלהם והמשכת המוחין להם וכל פרטי תיקונם, הוא על דרך הנזכר לעיל בזו"ן דכללות דכל הכ"ד שעות, וד"ל.)ואלו תיקונם וזיכוכם ועלייתם הוא מיום ליום לשבוע, ומשבוע לשבוע לחדש, ומחדש לחדש לשנה,

גְּדוֹלָה מִכּוּלָם צריך המעיין לדעת אם הדרוש בספר הזוהר הקדוש[238] הדרוש **אם** מדבר **ב**יום **ד**חול

שנתקנים הו"ק דז"א על ידי הנה"י דישסו"ת, קצה אחד בכל יום, או **אם ב**יום **שַׁבָּת** שנתקן בחינת מלכות דז"א
על ידי קדושת היום, וכל המוחין דישסו"ת מתלבשים בז"א עד נשמת כל חי, ואחר כך המוחין באים לז"א על ידי או"א
עילאין בתפילת שחרית ומוסף, ובתפילת מנחה דשבת מקבל ז"א מוחין מא"א, וכן **בראש חודש** יש עליה לזו"ן עד
הכתר דישסו"ת. וכל הבחינות האלו מתקנים ופועלים **בפרצוף הימים**, וגם כל חודש וחודש משתנה צרוף שמות הוי"ה
ואהי"ה, כנזכר[239] בסידור הטהור למרן הרש"ש. **אֹו בְּ**איזה **יוֹם טוֹב** שזו"ן[240] עולים לפרצופי ישסו"ת, שהם

ומשנה לשנה לשמטה, ומשמטה לשמטה ליובל, ומיובל ליובל עד א"ס. והוא על דרך מה שמבואר אצלנו
בביאור ענין חיצוניות ופנימיות לעיל דף ל"ה ע"ה וב'(. ובע"ה יתבאר כל ענין במקומו באורך ובפרטות בס"ד.
(כי עדיין לא נתבאר בכאן מהקדמה זו כל הצורך, ובפרט ענין בירור ותיקון ששת ימי בראשית, איה מקומם,
כי לא שוו בשיעוריהם לימי חודשי השנה, ולא לשמיטים, ולא ליובלות. ובע"ה בהקדמה יתבאר העניין הזה
באר היטב בס"ד, ספר כתב יד(. **וצריך לידע חשבון השנים לפי סדר חשבון הספירות דפרצופי ו"ק דזו"ן**
הנפרטים לשיתא אלפי שני דהוי עלמא, כדי לידע באיזה פרצוף היא אותה השנה, ובאיזה ספירה הוא אותו
החדש, ובאיזו ספירה מחבת"ם דאותה הספירה הוא אותו שבוע, ובאיזה ספירה מו"ק דאותו שבוע הוא אותו
היום. **כדי לידע לברר ולהעלות הבירורים המתייחסים לכל יום ויום כראוי וכנכון.** וכדי לידע לכוין בברכת
המפיל והמעביר וכל התפלות דאותו יום, שהם במוחין דים שעבר ולא דאותו יום, שהוא עומד בו
כנזכר לעיל.

236

תרשים ה -מ"ז.

237

תרשים ה – מ"ח.

238

עוֹלַת תָּמִיד ד"ה ע"א – הכלל העולה, כי כל ימי החול העולמות כולם הם למטה ממדרגתם, והיה זה כדי
לברר בירור המלכים בסוד מ"ן, ומה שאנו עושין על ידי תפילותינו בימי החול הנזכרים, הוא שתי הכנות, אחד
הוא לתקן תחלה את זו"ן במקומם למטה, כי תחלה שלא בשעת התפלה היו חסרים, כי ז"א לא היו לו רק ו"ק,
והמלכות נקודה אחת. ואחר כך על ידי תפילתנו נתקנים שניהם בפרצוף גמור, כל אחד מהם כלול מעשר
ספירות שלימות, וכל זה בהיותם עדיין אחור באחור. ואחר כך ההכנה השנית, היא להחזירם פנים בפנים. ואז
על ידי בחינת תיקונים אלו, הם מזדווגים זה עם זה, ומבררים בירור המלכים, ומעלין אותם בסוד מ"ן כנזכר
לעיל. ואחר התפלה חוזרים ומתמעטים כבראשונה, וזה נעשה תמיד בכל תפלה ותפלה של ימי החול, כמו
שיתבאר ב"ה, כל דבר ודבר במקומו, וגם כל זה התיקון איננו רק בהיותם למטה ממקומם האמיתי כשהיו
בשעה שנבראו. ובמקומו נבאר ב"ה ענין ירידה אחרת שיש להם יותר מזו, והוא אחר התפלה שחוזרין
וממעטין, ובפרט בלילה שיורדין אל הבריאה, והרי היא ירידה אחר ירידה, אחד בשעת התיקון שהוא בשעת
התפלה, והשני ירידה אחרת יותר תחתונה, והוא שלא בשעת התיקון, ובלילה כמו שיתבאר כל ענין במקומו
ב"ה. ואמנם ביום השבת תכף בלילה בהתחלתה נעשים מאליהם שני התיקונים שאנו עושין בעת תפלת החול,
וחוזרין פנים בפנים במקומם למטה, ואחר כך על ידי תפילותינו ביום השבת, אז חוזרין מעלה אחר מעלה, עד
מקומם כשהיו בעת האצילות, ועומדים שם פנים בפנים, ואז כל בחינת זיווגם שם למעלה הוא לברוא נשמות
חדשות, ולא מבירור המלכים.

239

תרשים ה – מ"ט.

240

שער הכוונות, דרושי ראש חודש דע"ז ע"א – נמצא כי ביום טוב אין זו"ן עולים מעצמם, **אלא עד אימא
[אַחְ]י"י** - או"א תתאין, הנקראים ישסו"ת] ועל ידי תפלות התחתונים מעלים אותם עד אבא [**אַחֵי** - או"א
עילאין]. משאין כן בשבת, כי עולין זו"ן עד אבא עצמו מאליהן, שלא על ידי התחתונים. וכמו שאמר הכתוב -
ושמרתם את השבת כי קדש היא לכם, ואין קדש אלא חכמה, שהוא אבא כנודע. נמצא כי מה שעולים בשבת
מעצמם, שלא על ידי מעשה התחתונים נעשה ביום טוב על ידי צורך תפלות התחתונים.

בחינת אימא בלבד, או"א תתאין. והתיקון הוא **בפרצוף הזמנים**. פסח באבי"ע דחסד הכולל. ושבועות באבי"ע דתפארת הכולל. וראש השנה עד שמיני עצרת באבי"ע דגבורה הכולל. חנוכה באבי"ע דהוד הכולל. ט"ו בשבט באבי"ע דיסוד הכולל, פורים באבי"ע דנצח הכולל, ט"ו באב באבי"ע דמלכות הכולל◆

ועוד צריך המעיין לדקדק **אם** הדרוש[241] עוסק **ב**חינת **היום** שהוא בחינת מ"ה דמ"ה ומ"ה דב"ן, **ואם** הדרוש עוסק **ב**חינת **הלילה** שהוא בחינת מ"ה דב"ן וב"ן דב"ן◆ **ולא עוד אלא שבכל שעה ושעה**[242], **משתנים** הספירות, הפרצופים וה**עולמות** לצורך[243] הברורים דאותו הזמן, **ואין שעה זו דומה לשעה** זו[244] ולכל שעה ושעה יש צרוף דהוי"ה שונה[245] וספירה שונה משעה אחרת, **ועוד ידוע** כי[246] כל שעה ושעה מתחלקת לארבעה בחינות, מתחילת השעה עד הרבע הראשון שלה הוא בחינת **מ"ה דמ"ה**. והרבע שעה השניה הוא בחינת **ב"ן דמ"ה**. והשלישית **מ"ה דב"ן**. והרבע שעה האחרונה הוא בחינת **ב"ן דב"ן**◆

כדי להבין את המערכות של העולמות העליונים, אפשר להתבונן במערכות של הכוכבים והמזלות בעולם הגשמי שלנו, שבכל[247] רגע ורגע משתנים מצבים ומעמדם של הכוכבים ביקום, הגורם לשינוי המזל של האדם.

241

תרשים ה – נ'.

242

הגהות וביאורים)ה(– עיין תורת חכם דף מ"ג ע"ב.

243

תורת חכם דמ"ג ע"ב – נראה כוונת הרב ז"ל שכתב בשער א' שער העיגולים ענף ה', וז"ל - ולא עוד אלא שבכל שעה ושעה משתנים העולמות, מי שמסתכל בענין המזלות ושינוי מצבן ומעמדן, ואיך ברגע הם באופן אחד, והנולד בו יקרא לו מאורעות משונות מהנולד ברגע שקדם לו, עד כאן. **הכוונה היא שבכל רגע ורגע נבררים בירורים חדשים, ויש זווג לתקנם,** כמו שכתב מורי הרב ז"ל בהקדמת הנותן לשכוי, ז"ל - כל זה בכללות, חוץ מפרטי זו"ן, ויעקב ורחל, וכל פרצופי אבי"ע, שבכל זמן מארבעה זמנים הנזכרים, ויש תיקון דאחור באחור, ופנים בפנים, וזווג, וחיבוק, ונישוק, בכל זמן, עד כאן. והזווג הוא שנכללים העשר ספירות דכל פרצוף זה בזה, מהכתרים של העשר ספירות של הפרצופים, נעשה כתר. וכן מהחכמות חכמה. נמצא משתנים הספירות בכל עת ורגע.

244

נהר שלום דכ"ד ע"ב - וצריך לידע חשבון השנים לפי סדר הספירות דפרצופי ו"ק דזו"ן הנפרטים לשיתא אלפי שני דהוי עלמא כדי לידע באיזה פרצוף היא אותה השנה ובאיזה ספירה הוא אותו החדש ובאיזו ספירה מחבת"ם דאותה הספירה הוא אותו שבוע ובאיזה ספירה מו"ק דאותו שבוע הוא אותו היום כדי לידע לברר ולהעלות הבירורים המתייחסים לכל יום ויום כראוי וכנכון וכדי לידע לכוין בברכת המפיל והמעביר וכל התפלות דאותו יום שהם במוחין דפרצוף דיום שעבר ולא דאותו יום שהוא עומד בו כנ"ל.

245

תרשים ה – נ"א.

246

תרשים ה – נ"ב.

247

גמרא שבת דקנ"ו ע"א – איתמר רבי חנינא אומר, מזל מחכים מזל מעשיר, **ויש מזל לישראל**, רבי יוחנן אמר **אין מזל לישראל**, ואזדא רבי יוחנן לטעמיה, דאמר רבי יוחנן מניין שאין מזל לישראל, שנאמר - כה אמר הוי"ה אל דרך הגוים אל תלמדו ומאותות השמים אל תחתו, כי יחתו הגוים מהמה, הם יחתו ולא ישראל. ואף רב סבר אין מזל לישראל, דאמר רב יהודה אמר רב מניין שאין מזל לישראל, שנאמר - ויוצא אותו החוצה, אמר אברהם לפני הקדוש ברוך הוא, רבש"ע, - "בן ביתי יורש אותי", אמר לו לאו, - "כי אם אשר

וּמִי שירצה לראות בצורה גשמית את המערכת הרוחנית הזאת, יוכל[248] לראות על ידי **שֶׁמִּסְתַּכֵּל בְּעִנְיַן** **הִילּוּךְ הַמַּזָּלוֹת וכוכבים** שביקום, **וְשִׁינּוּי מַצָּבָן וּמַעֲמָדָן** של הכוכבים, **וְאֵיךְ בְּרֶגַע** **אֶחָד הֵם בְּאוֹפֶן אֶזֶר** וברגע אחר באופן אחר, **וְהַנּוֹלָד בּוֹ יִקְרֶה לּוֹ מְאוֹרָעוֹת שׁוֹנוֹת** **מֵהַנּוֹלָד בְּרֶגַע שֶׁקֳּדַם לָזֶה.**

וּמִזֶּה שרואים שבכל רגע ורגע יש שנוי אפילו בעולם הגשמי **יִסְתַּכֵּל** המעיין, וגם יצטרך סייעתא דשמיא **וְיָבִין** בשכלו **בְּעוֹלָמוֹת הָעֶלְיוֹנִים, שֶׁאֵין לָהֶם קֵץ וּמִסְפָּר** כי[249] העולם התחתון הוא דוגמה לעולמות העליונים. **וְאִם תִּפְקַח עֵינֵי שִׂכְלְךָ, תֵּדַע וְתַשְׂכִּיל זוֹ מִמּוֹצָא דָבָר** מדוגמת העולם הגשמי, **כִּי אֵין שֵׂכֶל** במוח וּ**בְלֵב אָדָם לַעֲמוֹד עַל כָּל פְּרָטִים** האלו.

וְעַל זֶה אָמַר[250] **דוד הַמֶּלֶךְ ע"ה** - **גַּל עֵינַי וְאַבִּיטָה נִפְלָאוֹת מִתּוֹרָתֶךָ.**[251] **וּשְׁלֹמֹה הַמֶּלֶךְ ע"ה שֶׁכָּתוּב**[252] **בּוֹ** - **וַיֶּחְכַּם מִכָּל אָדָם, אָמַר**[253] - **אָמַרְתִּי אֶחְכָּמָה וְהִיא רְחוֹקָה מִמֶּנִּי.**

יצא ממעיך", אמר לפניו רבש"ע, נסתכלתי באיצטגנינות שלי ואיני ראוי להוליד בן, אמר ליה צא מאיצטגנינות שלך, שאין מזל לישראל.

גמרא מועד קטן דכ"ח ע"א הקשו בתוספות – אלא במזלא תליא מילתא, והא דאמרן בסוף שבת (דף קנו. ושם) אין מזל לישראל, ויש לומר דלפעמים משתנה על ידי מזל, כי הנהו דהתם ופעמים שאין משתנה, כדאמרינן בתענית דכ"ח ע"א גבי רבי אלעזר בן פדת, דאמר לו - ניחא לך דאחריב עלמא, דאולי אברית בעידנא דמזוני.
248

ע"ח ח"ב שמ"ג פ"ב מ"ב דצ"ה ע"ד – הנה עשר רקיעים הם, ונזכר פרשת ויקהל, והם סוד **תשע ספירות עילאין דעשיה** כנזכר לעיל, ונוסף בהם וילון, הוא נגד עטרת היסוד, המכניס ומוציא, **והבן זה** שאינו משמש כלום, אלא כניסה ויציאה. והרקיע הוא יסוד דעשיה, **ובו קבועים חמה ולבנה כוכבים ומזלות** וילון הנזכר לעיל, הוא מכסה ליסוד זה, כי יסוד נקרא בוקר, ועטרת היסוד שהוא בחינת דוד חופה, בסוד בוקר אערך לך ואצפה, כנזכר פרשת בלק דף ר"ד. ולכן דוד לא היה לו חיים, כי וילון לית לה מגרמה כלום, **והבן זה.** לכן נכנס שחרית ויוצא ערבית, בסוד - ותתן טרף לביתה וחוק לנערותיה, דאתכסיא ביממא ואתגליא בליליא. ובזה הרקיע יש בו כל התשעה גלגלים הקיפים העולם, והם שהזכירו הפילוסופים בספריהם, ובשבעה תחתונות הם שבעה כוכבי לכת. ובשמיני שאר הכוכבים, והי"ב מזלות. ובתשיעי גלגל היומי המקיף כולם, בכ"ד שעות ממזרח למערב. וכל אלו התשעה גלגלים קבועים ברקיע, רמז לדבר - ויתן אותם אלהי"ם ברקיע השמים, ולא אמר ברקיעים. וזה יובן מברייתא דשמואל הקטן שכתב שהרקיע עשוי כאהל, כמו שמבואר בפרקי רבי אליעזר, וקאמר אחר כך שהגלגלים סובבים, ובזה יצדקו דברי חכמים הם התוכנים, **והבן זה.** ואלו הגלגלים הם עשר בחינות יסוד דעשיה, ולמעלה מהם שחקים כו', עד ערבות כו'. **וכל זה בעשיה**, ואלו הם השבעה רקיעים שנתבאר בספר הרזים, בסוד המלבוש.
249

גמרא ברכות דנ"ח ע"ב – מאי זיקין, אמר שמואל כוכבא דשביט, ואמר שמואל - **נהירין לי שבילי דשמיא** **כשבילי דנהרדעא**, לבר מכוכבא דשביט, דלא ידענא מאי ניהו.
250

תהילים קי"ט י"ח – גל עיני ואביטה נפלאות מתורתך.
251

וְלֵךְ וּרְאֵה מַה שֶׁכָּתוּב[254] **בְּסֵפֶר הַתִּיקוּנִים** ר"ל תיקוני הזוהר **תִּיקּוּן כ"ב דַף ס"ה ע"א בְּמָה שֶׁכָּתוּב** - **קָם רַבִּי שִׁמְעוֹן וְאָמַר**, לסבא, **סָבָא סָבָא כו'**, **וְלַבוּשִׁין דְּאִיהוּ לָבִישׁ בְּצַפְרָא לָא לָבִישׁ בְּרַמְשָׁא** לבושים שהוא לובש בבוקר הוא לא לובש בערב, **וְלַבוּשָׁא דְּלָבִישׁ בְּיוֹמָא דָא** לבושין שהוא לובש ביום זה, **לָא לָבִישׁ בְּיוֹמָא תְנְיָנָא** הוא לא לובש ביום השני.

וּבְזֶה תָּבִין אֵיךְ מִשְׁתַּנָּה מַעֲמַד וּמַצָּב הָעוֹלָמוֹת, שֶׁהֵם[255] **הַלְּבוּשִׁין שֶׁל א"ס, לְכַמָּה שִׁינּוּיִין בְּכָל עֵת וָרֶגַע** הגורמים לשינויי ההנהגה של המאציל העליון, **וּכְפִי הַשִּׁינּוּיִין**

ע"ח הקדמה ד"ב ע"ד – וזהו כבוד התורה והדרה ויפיה, וזה אצלי פירוש המשנה, אמר רבי יהושע בן לוי - בכל יום ויום בת קול יוצאת מהר חורב ומכרזת ואומרת, אוי להם לבריות מעלבונה של תורה. כי בלי ספק בהיותם עוסקים בפשטיה ובספוריה לבדם, היא לובשת בגדי אלמנותה, ושק הושת כסותה, וכל האומות יאמרו לישראל מה דודך מדוד, מה תורתכם מתורתינו, הלא גם תורתכם ספורים בהבלי העולם, אין עלבון תורה גדול, מזה ולכן אוי להם לבריות מעלבונה של תורה, ואינם עוסקים בחכמת הקבלה, שהיא נותנת כבוד לתורה, כי הם מאריכים הגלות, וכל הרעות המתרגשות לבא בעולם כנזכר לעיל, במאמר שהתחלנו בהקדמתינו זאת, וזה עצמו הוא בת קול המכריז בכל יום, ונרמז בפסוק קול אומר קרא ועל כיוצא בזה, אמרו גם כן בספר הזוהר פרשת בהעלותך דף קנ"ב ע"א וז"ל - רבי שמעון אמר, ווי להההוא בר נש דאמר דהא אתא לאחזאה ספורים בעלמא, ומילי דהדיוטי וכו', ועוד האי דאורייתא לבושא דאורייתא, איהי ומאן דחשיב דההוא לבושא איהי אורייתא ממש, ולא מלה אחרא, תפח רוחיה ולא יהא ליה חולקא בעלמא דאתי. ובגם כן אמר דוד המלך ע"ה - **גַל עֵינַי וְאַבִּיטָה נִפְלָאוֹת מִתּוֹרָתֶיךָ**, מה דתחות האי לבושא דאורייתא וכו', טפשין דעלמא לא מסתכלי אלא בההוא לבושא, דאיהו ספור דאורייתא ולא יתיר וכו'.
252

מלכים א' ה' י"א – ויחכם מכל האדם מאיתן האזרחי והימן וכלכל ודרדע בני מחול ויהי שמו בכל הגוים סביב.
253

קהלת ז כ"ג – כל זה נסיתי בחכמה אמרתי אחכמה והיא רחוקה ממני.
254

תיקוני זהר, תיקון כ"ב דס"ה ע"א עם באור ותרגום – **קָם רַבִּי שִׁמְעוֹן, וְאָמַר** אל סבא, **סָבָא סָבָא, וְהָא שְׁכִינְתָּא אִיהִי יְחוּדָא דְּקוּדְשָׁא בְּרִיךְ הוּא** הרי השכינה היא יחודו של הקדוש ברוך הוא, **אֵיךְ גְּלִיפִין בָּה דְיוֹקְנִין דְּלְתַּתָּא** איך חקוקים בה צורות התחתונות של בי"ע, **דְּלָאו אִינוּן מִצִיאוּתָה** והם לא מציאותה, כי הם גופים לבושים והיכלות לאצילות, כמו הגוף המלביש את הנשמה, **אָמַר לֵיהּ** סבא לרבי שמעון בר יוחאי, **רִבִּי, לְמַלְכָּא דְּאִיהוּ יָתִיב בְּהֵיכָלֵיהּ** מלך היושב בהיכלו, **וְכַמָּה בְּנֵי נְשָׁא עָאלִין לְמֶחֱזְיֵיהּ** וכמה בני אדם נכנסים לראותו, **מִנְּהוֹן מִסְתַּכְּלִין בְּלְבוּשׁוֹי** יש מהם שמתבוננים בלבושו, **וּמִנְּהוֹן בְּגוּפוֹי** יש מתבוננים בגופו, **וּמִנְּהוֹן מִסְתַּכְּלִין בְּעוֹבָדוֹי** יש מסתכלים במעשיו, **וּבוֹדַאי בְּעוֹבָדוֹי אִשְׁתְּמוֹדַע מַאי נִיהוּ מַלְכָּא** ובודאי במעשיו רואים שהוא מלך, **דִּלְבוּשִׁין אִיהוּ מְשַׁנֵי בְּהוֹן לְכַמָּה שִׁנּוּיִין** לבושי המלך משתנים לכמה שניויים, **וְלִבוּשִׁין דְּאִיהוּ לָבִישׁ בְּצַפְרָא לָא לָבִישׁ בְּרַמְשָׁא** לבושים שהוא לובש בבוקר, אינו לובש בערב, **וְלִבוּשִׁין דְּלָבִישׁ יוֹמָא חֲדָא לָא לָבִישׁ יוֹמָא תְנְיָנָא** לבושים שהוא לובש ביום אחד, אינו לובש ביום השני, **וְהָכִי בְּכָל יוֹמָא וְכֵן** בכל יום, **וּבְיַרְחָא** ובכל חודש, **וּשַׁתָּא וּשַׁבַּתָּא** ובכל שבת ושבת, **וְיוֹמִין טָבִין** ובכל הימים הטובים, כלומר החגים, **אִשְׁתַּנֵּי בְּלְבוּשִׁין** משתנה לבושו.
255

ע"ח ש"ג פ"ג די"ז ע"ב – כן א"ק מאיר עצמותו בכל איברי הגוף דאצילות, ואותו אור נקרא א"ס בערך האצילות, ונקרא עילת העילות של האצילות. אך במלבושים אין אור עצמות מתגלה, לכן בי"ע אינם מבחינת אלהו"ת, אלא נקרא נבראים נוצרים נעשים. וכן על דרך זה בא"ק, שנעשה בחינת גוף אל הא"ס הזה

ההם שבכל בחינה הנזכרת לעיל, **כך נשתנו בזוינת המאמרים של ספר הזוהר** הקדוש,

וכולם ר"ל המאמרים בספר הזוהר הקדוש הם **דברי אלהי"ם חיים** בלי[256] שום מחלוקת כלל,

והמאמרים כולם נכוחים למבין.

כבר הרב ז"ל ביאר לעיל כי סדר המדרגות דעסמ"ב הוא ע"ב, ס"ג, מ"ה, ב"ן. עם[257] כל זאת יש מצבים ששם כמו ב"ן גבוה יותר משם ע"ב, וכן בשאר השמות. והכל תלוי באיזה שיעור קומה או פרצוף בערך איזה שיעור קומה או פרצוף מדבר המאמר אם בעובי[258] או באורך[259], אם בכלי הפנימי, אמצעי או החיצון דאותו בפרצוף, אם בעובי[260] או באורך[261] דאותו פרצוף. לכן החקירה היא הכרחית בכל מאמר ומאמר.

גם[262] **תמצא** בספר הזוהר הקדוש והתיקונים **מוזכרים בזוינת הוי"ת במילויים שונים,
או במלוי ע"ב** יו"ד ה"י וי"ו ה"י, **או במלוי ס"ג** יו"ד ה"י וא"ו ה"י, **או מ"ה** יו"ד ה"א וא"ו

העליון, אור א"ס מתגלה בו, אך לא במלבוש)הא"ס העליון(, שהם עשר ספירות דאצילות. כי הא"ס הנגלה בעשר ספירות דאצילות הוא הנקרא א"ק כנזכר לעיל. אמנם אחרי התלבשות אין סוף עליון בא"ק, בחכמה שבו, שאז מאיר על ידו בעשר ספירות דאצילות. וזה אומרו - כולם בחכמה עשית. וזה אומרו - עשית, כי **העשר ספירות דאצילות הם בחינת עשיה אל הא"ס העליון, כי הם מלבושים** כנזכר לעיל.
256

שער הקדמות, פרק א' הקדמה ב' ד''ה ע''ג – וכפי השינויים ההם נשתנו בחינת דברי המאמרים אשר בספר הזוהר, וכולם דברי אלהי"ם חיים בלי שום מחלוקת כלל, ולא פליגי, וכולם נכוחים למבין, אין בהם נפתל ועיקש חלילה וחס.
257

ע"ח ש"ד פ"ג מ"ק די"ט ע"א – ונחזור עתה לבאר לבחינת נשמה. הנה כבר בארנו כי הנשמה מן האזן שהיא בינה. והנה שמיעה גימטריא תכ"ה, ראשי תבות **כ"ל הנשמ"ה תהל"ל י"ה**, כי מן האזן סוד הנשמה. והנה אזן גימטריא נ"ח, והענין כי כבר בארנו כי יש בינה ותבונה, בינה אהי"ה דיודי"ן - אל"ף ה"י יו"ד ה"י, ותבונה היא שם ס"ג. אך עם כל זה ודאי כי גבוה מעל גבוה שומר, **כי יש ס"ג הכולל בינה ותבונה, למעלה מאהיה דיודי"ן** הנזכר לעיל. אשר משם ס"ג זה ולמטה)ב"א ימשכו למטה(בינה אחרת, של אהי"ה דיודי"ן ותבונה בשם ס"ג. וכל זה למטה)ב"א למעלה(משם ס"ג העליון כנזכר לעיל.
258

תרשים ה – נ"ג.
259

תרשים ה – נ"ד.
260

תרשים ה – נ"ה.
261

תרשים ה – נ"ו.
262

שער ההקדמות, פרק א' הקדמה ב' ד''ה ע''ג – גם תמצא בספר הזוהר ובתיקונין, כמה מיני בחינות הוי"ת שונות זו מזו במילוייהם, אם במלוי שם ע"ב, ואם במלוי שם ס"ג, ואם במלוי שם מ"ה, ואם במלוי ב"ן. וצריך שתתקור שכלך ותדע באיזו בחינה מהבחינות הנזכרים לעיל מדבר המאמר ההוא, כדי שתדע באיזו בחינה מהבחינות הנזכרים לעיל רומזת אותה ההוי"ה הנזכרת שם. אשר בזה תבין, איך עם היות שסדר ההוי"ת הם ע"ב, ואחר כך ס"ג, ואחר כך מ"ה, ואחר כך ב"ן. **עם כל זאת יש בחינת ב"ן גדולה מבחינת ע"ב, וכן כיוצא בזה**. ובהיותך מעיין בשכלך ובחקירתך לעמוד על כל הנזכר לעיל, אז אפשר שתשיג לדעת כוונת המאמר ההוא שאתה עוסק בו. אם יהיה אלהי"ם עמך, אם תהיה תמים בדרכיו, כי לא ימנע טוב טוב להולכים בתמים.

ה"א, **אוֹ** מלוי **בַּ"ן** יו"ד ה"ה ו"ו ה"ה, **כנזכר בהקדמת התיקונים שלא נדפסו** ר"ל[263]

תיקונים לא נדפסו בזמן הרב ז"ל, ולפעמים נקראים זוהר כתב יד, ואלו שנדפסו יותר מאוחר נקראים תיקוני זהר חדש.

וכן[264] **בסוף תיקון י"ג** דכ"ט ע"ב **וכן בתיקון ע"ט** צ"ל ס"ט, **וכיוצא בתיקונים אלו, כי שם נזכר מילוי של אלו ההוי"ת. וצריך שתדע באיזה בזוינה מתעסק מאמר ההוא** בספר הזוהר הקדוש, את[265] **כדי שתדע אותה הוי"ה, ובאיזה מקום היא רומזת**[266].

השאלה למה הרב ז"ל טורח, וחוזר וטורח ללמוד את ההקדמות אשר בעץ חיים כדי להבין את מאמרי הזוהר הקדוש, כי לפעמים רבנים וחכמים שלא למדו את הקדמות האר"י זלה"ה, כאשר הם מביאים ראיה למסקנתם מדברי הזוהר נגד דברי האר"י זלה"ה, אשר לפעמים מסקנה היא מסקנה להלכה, ויכול להיות שמקור הראיה בזוהר הוא לא ממקור נכון, לכן מזהיר הרב ז"ל ללמוד את הקדמות חכמת הקבלה, שהם מרוכזים בספר עץ חיים, לפני שהמשכיל מסיק מסקנות מספר הזוהר, ביחוד אם המסכנה שלו נגד דברי האר"י זלה"ה. וכן[267] כך כתב הרש"ש בנהר שלום, בתשובתו לחכמי תונים, שהקשו על דברי האר"י זלה"ה מספר הזוהר.

263

אח"י)כללו(– בכל מקום שהרב מזכיר זוהר כ"י)כתב יד(, או תיקונים שלא נדפסו, הוא מתכוון לזוהר חדש, או לתיקוני זהר חדש שיש אצלנו, בזמן הרב חיים ויטאל הודפס הזוהר, אבל השמטות ממנו לא הדפסו, ובזמן הרב ז"ל הם היו בכתב יד, ב"ה זכינו אנו, ובזמנינו שחלק זה של הזוהר הודפס.

264

תיקוני זהר, תיקון י"ג דכ"ט ע"ב עם באור ותרגום – **דכתיב מימינו אש דת למו, אל"ף ה"א יו"ד ה"א** שם אהי"ה ביודין הנקרא קס"א, **יו"ד ה"א וא"ו ה"א** שם הוי"ה באלפי"ן הנקרא מ"ה, **יו"ד ה"י וי"ו ה"י** שם הוי"ה ביודי"ן הנקרא ע"ב, **יו"ד ה"י וא"ו ה"י** שם הוי"ה ביודי"ן ואלפין הנקרא ס"ג, **אל"ף ה"א יו"ד ה"א** אהי"ה באלפי"ן הנקרא קמ"ג, **יו"ד ה"ה ו"ו ה"ה** הוי"ה דההי"ן הנקרא ב"ן, **אל"ף דל"ת נו"ן יו"ד** שהוא מילוי שם אדנ"י.

265

מבוא שערים ש"ד ח"ב פי"א דל"ג ע"ד – אך עם כל זה דע, **כי גבוה מעל גבוה שומר**, כי גם יש שם ס"ג הכולל בינה ותבונה. פירוש הדברים, כי למעלה הבינה האמיתית העליונה, היא אהי"ה דיודי"ן, ולמטה ממנה יש שם ס"ג, וכל בחינה נקרא תבונה ראשונה, אך לפעמים מתחלקת תבונה זו, שהיא שם ס"ג הנזכרת לשניים, ונעשה בינה ותבונה כנזכר לעיל. שהם הל"ג חלקים ראשונים של הס"ג, והנ"ח חלקים שהם בינה ותבונה, אז הבינה תקרא גם כן שם אהי"ה דיודי"ן. והתבונה תקרא שם ס"ג. והנה מזה השם ס"ג הכולל בינה ותבונה, שהם אהי"ה וס"ג כנזכר, ימשכו עוד למטה בינה אחרת דאהי"ה דיודי"ן, והתבונה בשם ס"ג, כו'. כי המלכות של זו התבונה דס"ג, היא נעשית פרצוף שלם. ונכנסת תוך הז"א בסוד מיוחין, ואז מתחלקת מהחזה ולמטה שנכנסת ברישא דז"א, היא הנקרא תבונה שם ס"ג, ומהחזה ולמעלה נקרא בינה.

266

הגהות וביאורים)ו(– ובזה תבין איך אף על פי שסדר המדרגות הם מ' ע"ב, ואחר כך ס"ג, ואחר כך מ"ה, ואחר כך ב"ן. עם כל זה יש בחינת ב"ן גדול מע"ב, וכן כיוצא בזה, מהרב שר שלום ז"ל, ועיין דברי שלום דל"ב סוף ע"ב.

267

נהר שלום דל"ג ע"ג – ואיני כמזהיר אלא כמזכיר להשתדל מאד לכוין בכל פרטי כוונת שמות הספי' ומקיפיהם המבוארים בשער השמות, ושמות הנרנח"י שהם ההוי"ת המנוקדות, ומקיפיהם, להמשיכם מלובשים תוך שמות המוחין שהם שמות בלתי ניקוד, והם מלובשים תוך הצלם, ולהמשיך הצלם לתוך אותם השמות די"ס דאותו הפרצוף המתייחס לאותם המוחין והנרנח"י, וזאת היא הכוונה השלימה, ובלתי כוונת השמות המנוקדות שהם הנרנח"י, כי אין אור א"ס מתפשט אלא תוך התפשטות אור החכמה, שהם הנקודות, ובלעדם

וְהִנֵּה בִּהְיוֹתְךָ מַעֲמִיק וּמְעַיֵּין בספר עץ חיים ובשאר ספרי הרב ז"ל, **וְעוֹמֵד עַל בֵּירוּרִים שֶׁל דְּבָרִים אֵלּוּ** לכל פרטי הכללים וההקדמות שביאר הרב ז"ל בספריו, **אָז אֶפְשָׁר שֶׁתּוּכַל לְהָבִין מַאֲמָרִים אֵלּוּ** בספר הזוהר הקדוש, **אִם יִהְיֶה אֱלֹהִי"ם עִמָּךְ, בִּהְיוֹתְךָ תָּמִים לוֹ** תזכה[268] לסייעתא דשמיא, כמו[269] שכתוב - **כִּי לֹא יִמְנַע טוֹב לַהֹלְכִים בְּתָמִים.**

עוֹד רָאִיתִי לְעוֹרֵרְךָ עַל עִנְיָן אֶחָד שחשוב ביותר, **הֲלֹא**[270] **צָרִיךְ לָדַעַת כִּי רוֹב מַאֲמְרֵי הַזּוֹהַר** הקדוש, **וְכִמְעַט כּוּלָם, אֵינָם מְדַבְּרִים מֵעִנְיַן הָעֶשֶׂר סְפִירוֹת שֶׁל הָעִיגּוּלִים, רַק בִּבְחִינַת הַיּוֹשֶׁר** עשר הספירות דיושר, **כְּמַרְאֵה אָדָם, וְעִנְיָן זֶה כּוֹלֵל בַּכֹּל** [דט"ו ע"ב 29] **הָעוֹלָמוֹת, הֵן בִּהְיוֹתוֹ מִתְעַסֵּק בָּא"ק** או בעולמות אבי"ע, **אוֹ בְּפַרְצוּף עַתִּיק, אוֹ בְּפַרְצוּף א"א, אוֹ בְּפַרְצוּפֵי או"א, אוֹ בְּפַרְצוּפֵי זו"ן דַּאֲצִילוּת, אוֹ בִּשְׁאָר עוֹלָמוֹת** ופרצופי בי"ע.

וְאִם יִהְיוּ דְּבָרִים אֵלּוּ הנזכרים בדרוש זה **נוֹכַח פָּנֶיךָ, וְאַל יַלִּיזוּ מֵעֵינֶיךָ** בזמן שתעסוק במאמרי הזוהר הקדוש, **אִם תָּרוּץ, לֹא תִּכָּשֵׁל, וְאָז תֵּלֵךְ לָבֶטַח דַּרְכֶּךָ**, בהבנת דברי הזוהר הקדוש, ותזכה לראות מנפלאות הבורא יתברך הנמצאים בספר הקדוש.

הם כל אותם הכוונות כגוף בלא נשמה, ויש עליהם פחד כי ימותו ולא בחכמה, וגם כי עיקר כוונת הבירור הוא בכלים עם הרפ"ח, אשר ע"כ צריך לשמור לעשות ככל הנזכר, וימחלו רבותי שדברתי עד כה, אעפ"י שידעתי שכ"ז ידוע וברור ומפורסם להם, ויותר מזה הם עושים כו', **גם תמיה לי טובא איך לפעמים מקשים רבותי על דברי הרב, מדברי הזוהר והתיקונים,** אחר דברי הרב ז"ל בענף ה' דשער עיגולים ויושר. גם בעיני יפלא איך כת"ר משגיחים על דברי ספרי שאר המקובלים, כגון ח"י ומ"ח, וכיוצא, שדבריהם מעורבים ומיוסדים על שאר תלמידי הרב ז"ל, אשר לא סמך ידו עליהם, ואין ראוי לסמוך כי אם על דברי האר"י ז"ל, ותלמידו מהרח"ו זלה"ה.
268

פרקי אבות פ"ו משנה א' – רבי מאיר אומר כל העוסק בתורה לשמה, זוכה לדברים הרבה. ולא עוד אלא שכל העולם כלו כדאי הוא לו. נקרא ריע, אהוב, אוהב את המקום, אוהב את הבריות, משמח את המקום, משמח את הבריות, ומלבשתו ענוה ויראה, ומכשרתו להיות צדיק חסיד ישר ונאמן, ומרחקתו מן החטא, ומקרבתו לידי זכות, ונהנין ממנו עצה ותושיה בינה וגבורה. שנאמר - לי עצה ותושיה אני בינה לי גבורה, ונותנת לו מלכות וממשלה וחקור דין, **ומגלין לו רזי תורה**, ונעשה כמעין המתגבר וכנהר שאינו פוסק, והוי צנוע וארך רוח, ומוחל על עלבונו, ומגדלתו ומרוממתו על כל המעשים.
269

תהילים פ"ד י"ב – כי שמש ומגן יהו"ה אלהים חן וכבוד יתן יהו"ה לא ימנע טוב להלכים בתמים.
270

ע"ח ש"א ענף ב' מ"ב די"ב ע"א – והנה בחינה זאת השניה נקרא צלם אלהי"ם, ועליה רמז הכתוב באומרו ויברא אלהי"ם, את האדם בצלמו בצלם אלהי"ם. **וכמעט כל ספר הזוהר והתיקונים רוב דבריהם כולם מתעסקים בבחינה שניה הזאת בלבד**, כמו שנבאר היטב במקום אחר.

עֵץ חַיִּים

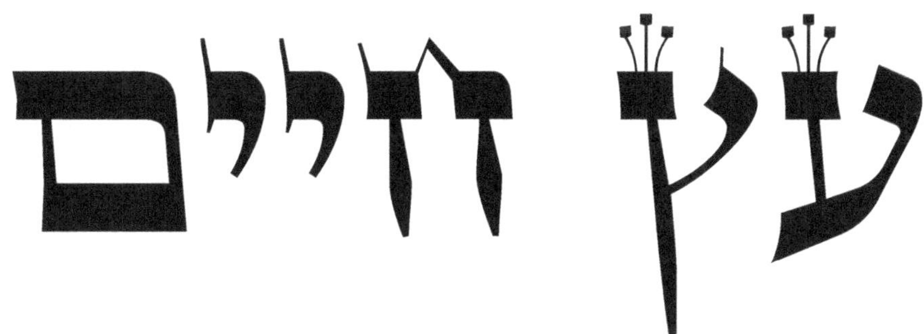

לְרַבֵּינוּ חַיִּים וִיטַאל

שֶׁקִּיבֵּל מִמָּרַן הָאֲרִ"י זלה"ה

שַׁעַר א'

שַׁעַר עֲגוּלִים

עֲנַף ה'

חֵלֶק הַתַּרְשִׁימִים טַבְלָאוֹת וְצִיּוּרִים

שִׁמְזַת חַיִּים

<u>הקדמה קצרה</u>

דע כי כל התרשימים הציורים והטבלאות, הם אך ורק לשכך את האוזן, ולשבר את העין. וכל הציורים הם לא שלמים.

כתב הרי"ח הטוב ברב פעלים ח"ב בסוד ישרים ה' - אך דע לך כי סדר התלבשות המחצבים שכתב מהרח"ו בשערי קדושה עד עולם הזה שאנחנו עומדים בו. וכן סדר התלבשות הפרצופים אשר בכל מחצב ומחצב, וסדר התלבשות העולמות זה בזה, והיושר והעיגולים, לא אית אינש דכיל למנלע רזא דנא, איך היא עשוי, איך הוא עומד, ולא אפשר לשכל אנושי לצייר כל הנזכר על אמתתם, ועל בוריין מפני כי שכל האנושי בהיותו עצור ומונח בגוף גשמיי, אי אפשר לי להשיג דבר רוחני, והוא זה דומה לאדם סומא מן הבטן שלא ראה מאורות מימיו, דודאי אי אפשר לו לצייר מראות השמש והירח הנראין לעיני הבריות, וכל שכן מה שיש למעלה למעלה.

וכן כתב ברב פעלים ח"א בסוד ישרים א' - סוף דבר הכל נשמע, ה' אחד ושמו אחד, ואין לו גוף ולא דמות הגוף, ואין לו שום ציור, ותמונה ודמיון כלל ועיקר, וגם כל העולמות וספירות הקדושים למעלה אין להם ציור ודמיון של גופים האלה כלל, ואין מי שיוכל לידע איך הוא עמידתם וסדרם, ואיך עומדים עולמות היושר ועולמות העיגולים, ואיך מתחברים זה עם זה, ואיך נמשך השפע מזה לזה, ואיך הוא תוארם ומראיהם, ואיך הוא מהות השפע המחיה אותם, ומקיים אותם, וכמה הוא שיעור אורכם וגובהן ורחבם, ואיך הם נכללים זה בזה, ומלבישים זה לזה, כי בכל זאת אין שום שכל אנושי יוכל לדעת, ולהבין, ולהשיג, כלל ועיקר.

הרב ז"ל כתב בשער אח"פ תחילת פ"א וז"ל - כבר ידעת כי אין בנו כח לעסוק קודם אצילות עשר ספירות, ולא לדמות שום דמיון וצורה כלל ח"ו, אך לשכך האזן, אנו צריכים לדבר דרך משל ודמיון, לכן אף אם נדבר במציאות ציור שם למעלה, אין הדבר רק לשכך האזן. אמנם דע כי עשר ספירות דאצילות הם שתי עניינים. האחד הוא התפשטות הרוחניות, והשני הוא כלים ואברים אשר העצמות מתפשט בהם. והנה צריך שיהיה לכל זה שורש למעלה לשתי בחינות אלו, ולכן צריכין אנו לדבר בסדר המדרגות מראש עד סוף, והנה נתחיל ונאמר כי הלא הא"ס ב"ה אין בו שום ציור כלל ח"ו כמבואר.

הרב ז"ל כתב בשער טנת"א פ"א - והנה אף על פי שאנו מכנים וקוראים כאן כנויים אלו כגון אדם ראש אזנים וכיוצא אינו רק לשכך האזן לשיובנו הדברים לכן אנו מכנים כנויים אלו במקום גבוה, עד כאן לשונו.

וכן הרמ"ק בפרדס רימונים ש"ו פ"א - וציירו להם המקובלים צורות בירעיות גדולות וקראום אילן.

הרב ז"ל כתב בסוף ש"ה פ"ד וז"ל - ואמנם דבר גלוי הוא כי אין למעלה גוף ולא כח גוף חלילה. אמנם לשכך את האוזן לכשיוכל האדם להבין הדברים העליונים הרוחניים בלתי נתפסים ונרשמים בשכל האנושי, לכן ניתן רשות לדבר בבחינת ציורים ודמיונים, כאשר הוא פשוט בכל ספרי הזוהר. וגם בפסוקי התורה עצמה כולם כאחד עונים ואומרים בדבר הזה כמו שאמר הכתוב עיני ה' המה משוטטים בכל הארץ. עיני ה' אל צדיקים. וישמע ה'. וירח ה'. וידבר ה'. וכאלה רבות וגדולה מכולם מה שאמר הכתוב ויברא אלהים את האדם בצלמו בצלם אלהים ברא אותו זכר ונקבה וגו'. ואם התורה עצמה דברה כך גם אנחנו נוכל לדבר כלשון הזה, עם היות שפשוט הוא שאין שם למעלה אלא אורות דקים, בתכלית הרוחניות, בלתי נתפשים שם כלל, וכמו שאמר הכתוב כי לא ראיתם כל תמונה, וכאלה רבות. ואמנם יש עוד דרך אחרת כדי להמשיך ולצייר בה הדברים העליונים, והם בחינת כתיבת צורת אותיות, כי כל אות ואות מורה על אור פרטי עליון, וגם תמונת זו דבר פשוט הוא כי אין למעלה לא אות, ולא נקודה, וגם זה דרך משל וציור לשכך את האוזן כנזכר. ולכן נבאר עתה הקדמה הנזכר על דרך ציור האותיות גם כן ובבחינת ציורים אלו, הן ציור האדם, והן ציור אותיות, שתיהן מוכרחים להבין ענין האורות העליונים, כאשר תראה ספרי הזוהר בנויים על שתי בחינות הציורים האלה, עד כאן לא.

ולכן גם אנחנו הרשינו לעצמינו לצייר ציורים, תרשימים וטבלאות, אך ורק כדי לשכך את האוזן, ולשבר את העין, כדי להבין את הסוגייה.

אח"י

תרשימים שׁעׁר א' עׁנׁף ה'

סדר שמות שמות ההיכלות והשערים בעץ חיים

שם היכל	שער	שם השער	פרקים														
			א	ב	ג	ד	ה	ו	ז	ח	ט	י	יא	יב	יג	יד	טו
אדם קדמון	א	**עיגולים ויושר**	א	ב	ג	ד	ה										
	ב	השתלשלות י"ס דרך עגו'	א	ב	ג												
	ג	סדר אצילות למהרח"ו	א	ב	ג												
	ד	אח"פ	א	ב	ג	ד	ה										
	ה	טנת"א	א	ב	ג	ד	ה	ו	ז								
	ו	עקודים	א	ב	ג	ד	ה	ו	ז	ח							
	ז	מטי ולא מטי	א	ב	ג	ד	ה										
נקודים	ח	דרושי נקודות	א	ב	ג	ד	ה	ו									
	ט	שבירת הכלים	א	ב	ג	ד	ה	ו	ז	ח							
	י	תיקון	א	ב	ג	ד	ה										
	יא	מלכים	א	ב	ג	ד	ה	ו	ז	ח	ט	י					
הכתרים	יב	עתיק	א	ב	ג	ד	ה										
	יג	א"א	א	ב	ג	ד	ה	ו	ז	ח	ט	י	יא	יב	יג	יד	
או"א	יד	או"א	א	ב	ג	ד	ה	ו	ז	ח	ט	י					
	טו	זווגים	א	ב	ג	ד	ה	ו									
	טז	הולדת או"א וזו"ן	א	ב	ג	ד	ה	ו	ז								
ז"א	יז	ז"א	א	ב	ג	ד											
	יח	רפ"ח נצוצין	א	ב	ג	ד	ה	ו									
	יט	אנ"ך	א	ב	ג	ד	ה	ו	ז	ח	ט	י					
	כ	המוחין	א	ב	ג	ד	ה	ו	ז	ח	ט	י	יא	יב			
	כא	לידת המוחין	א	ב	ג												
	כב	מוחין דקטנות	א	ב	ג												
	כג	מוחין דצלם	א	ב	ג	ד	ה	ו	ז	ח							
	כד	פרקי הצלם	א	ב	ג	ד	ה	ו	ז								
	כה	דרושי הצלם	א	ב	ג	ד	ה	ו	ז	ח							
	כו	צלם	א	ב	ג	ד											
	כז	פרטי עי"מ	א	ב	ג	ד											
	כח	עיבורים	א	ב	ג	ד	ה										
	כט	נסירה	א	ב	ג	ד	ה	ו	ז	ח	ט						
	ל	פרצופים	א	ב	ג	ד	ה	ו	ז								
	לא	פרצופי זו"ן	א	ב	ג	ד	ה										
	לב	הארת המוחין	א	ב	ג	ד	ה	ו	ז	ח	ט						
	לג	אונאה	א	ב	ג	ד	ה										
נוק' דז"א	לד	תיקון הנוקבא	א	ב	ג	ד	ה	ו	ז								
	לה	הירח	א	ב	ג	ד	ה										
	לו	מעוט הירח	א	ב	ג	ד											
	לז	יעקב ולאה	א	ב	ג	ד	ה										
	לח	לאה ורחל	א	ב	ג	ד	ה	ו	ז	ח	ט						
	לט	מ"ן ומ"ד	א	ב	ג	ד	ה	ו	ז	ח	ט	י	יא	יב	יג	יד	טו
	מ	פנימיות וחצוניות	א	ב	ג	ד	ה	ו	ז	ח	ט	י	יא	יב	יג	יד	טו
	מא	חשמל	א	ב	ג												
אבי"ע	מב-א	דרושי אבי"ע	א	ב	ג	ד	ה	ו	ז	ח	ט	י	יא	יב			
	מב-ב	כללות אבי"ע	א	ב	ג	ד											
	מג	ציור עולמות אבי"ע	א	ב	ג	ד											
	מד	שמות	א	ב	ג	ד	ה	ו	ז								
	מה	מקיפין	א	ב	ג	ד											
	מו	כסא הכבוד	א	ב	ג	ד	ה	ו									
	מז	סדר אבי"ע	א	ב	ג	ד	ה	ו									
	מח	קליפות	א	ב	ג	ד											
	מט	קליפת נוגה	א	ב	ג	ד	ה	ו	ז	ח	ט						
	נ	קיצור אבי"ע	א	ב	ג	ד	ה	ו	ז	ח	ט	י					
			א	ב	ג	ד	ה										

תרשימים שַׁעַר א' עָנָף ה'

טבלת ערכים

עולמות	אדם קדמון	אצילות	בריאה	יצירה	עשיה
פרצופים	ע"י רא"א	אבא	אמא	ז"א	נוקבא
ספירות	כתר	חכמה	בינה	חג"ת נה"י	מלכות
הוי"ה	קוץ של י'	י	ה	ו	ה
אורות	יחידה	חיה	נשמה	רוח	נפש
מלוי	שורש הוי"ה	ע"ב - יוד הי ויו הי	ס"ג - יוד הי ואו הי	מ"ה - יוד הא ואו הא	ב"ן - יוד הה וו הה
טנת"א	שורשים	טעמים	נקודות	תגין	אותיות
נקודות	קמץ	פתח	צרי	סגול, שוה, חולם חיריק, קבוץ, שורוק	אין ניקוד
אדם	גולגולתא	מוח ימין	מוח שמאל	גוף וברית	עטרת היסוד
מל"ץ	מ - מקיף, יחידה	ל - מקיף, חיה	מוח	לב	כבד
שנגל"ה	שורש	נשמה	גוף	לבוש	היכל
י"ב פרצופים	ער"ן ואר"ן	או"א עלאין	ישסו"ת	זו"ן	יעק"ר
כל צמא	אורות	מוחין	צלמים	לבושים	כלים
אברים	מוח	עצמות	גידין	בשר	עור
חושים	מוח	ראיה	שמיעה	ריח	דיבור
מחצבים	א"ס	ספירות	נשמות	מלאכים	חושך
צלם	מ' מקיף ב'	ל' מקיף א'	צ' מוח	צ' לב	צ' כבד
דחצ"ם	אלוקות	מדבר	חי	צומח	דומם
יסודות	יולי	מים	אש	רוח	עפר
רקיעים	ערבות	ערבות	ערבות	מכון, מעון, זבול שחקים, רקיע	וילון
גלגלים	גלגל השכל	גלגל היומי	מזלות	ככבים	לבנה
היכלות	קודש קודשים	קודש קודשים	קודש קודשים	אהבה, זכות, רצון, עצם השמים, לבנת הספיר	לבנת הספיר
מלוי הוי"ה		מ"ו - וד י וי י	ל"ז - וד י או י	י"ט - וד א או א	כו - וד ה ו ה
אהי"ה		קס"א - אלף הי יוד הי	קס"א - אלף הי יוד הי	קמ"ג - אלף הא יוד הא	קב"א - אלף הה יוד הה

תרשימים שער א' ענף ה'

תרשים ה - א

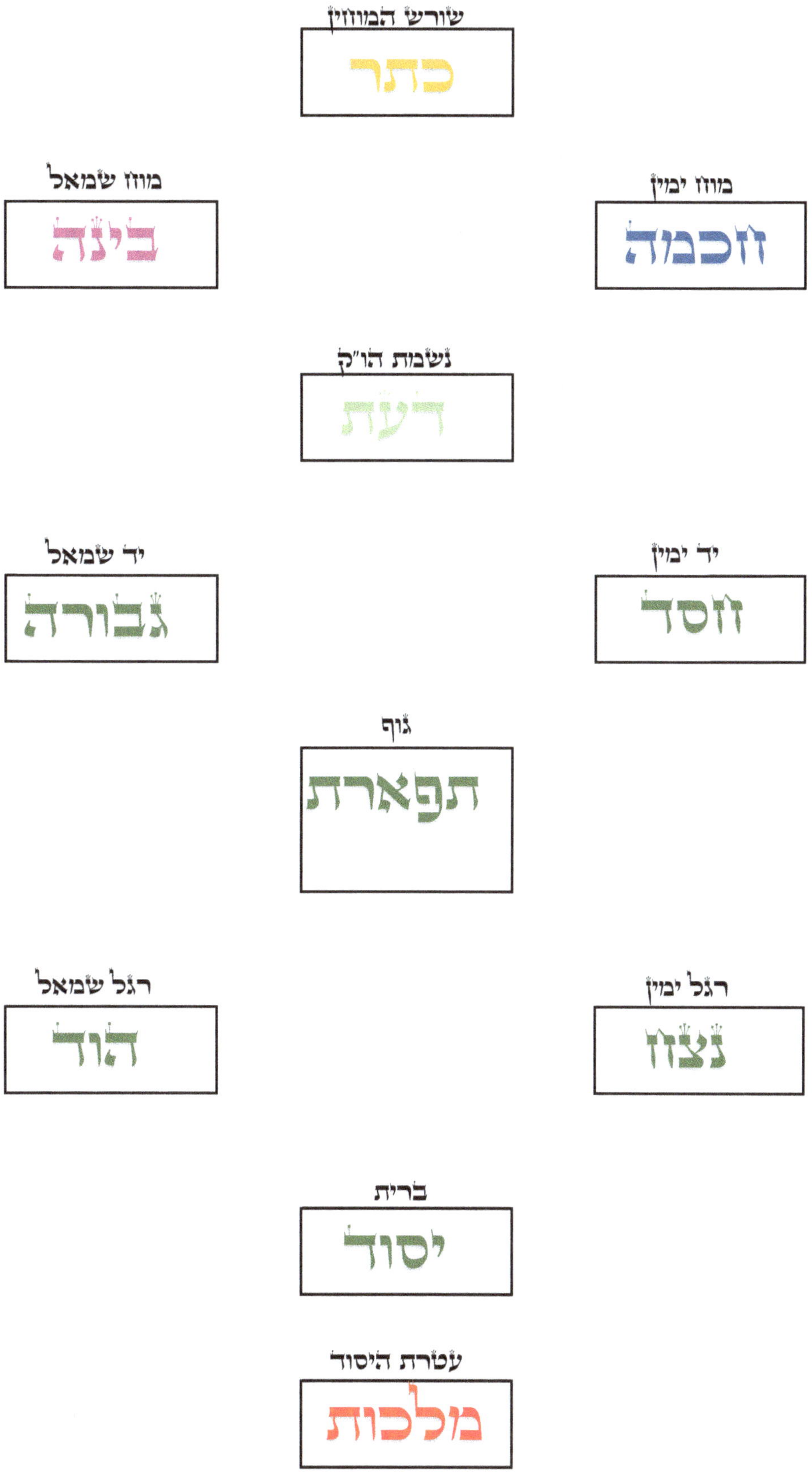
שורש המוחין
כתר
מוח ימין
חכמה
מוח שמאל
בינה
נשמת הו"ק
דעת
יד ימין
חסד
יד שמאל
גבורה
גוף
תפארת
רגל ימין
נצח
רגל שמאל
הוד
ברית
יסוד
עטרת היסוד
מלכות

תרשימים שער א' ענף ה'

פרצופים	ספירות
א"א	כתר
אבא	חכמה
אימא	בינה
ז"א	חג"ת נה"י
נוקבא	מלכות

נוקבא	ז"א	אימא	אבא	א"א
כ	כ	כ	כ	כ
ח ב	ח ב	ח ב	ח ב	ח ב
ח ג	ח ג	ח ג	ח ג	ח ג
ת	ת	ת	ת	ת
נ ה	נ ה	נ ה	נ ה	נ ה
י	י	י	י	י
מ	מ	מ	מ	מ

נוקבא		ז"א		בינה		או"א		א"א	
מ"ה	ב"ן	ב"ן	מ"ה	ב"ן	מ"ה	ב"ן	מ"ה	מ"ה	ב"ן

תרשימים שער א' ענף ה'

בינה · חכמה

| נוק' עתיק | עתיק |

דעת

| נוק' א"א | א"א |

שורש

מתג"ן – עשי"ה

גבורה · חסד

| אימא | אבא |

תפארת

| תבונה יש"ס |

ענף

תנ"חי – רוח

הוד · נצח

| נוקבא | ז"א |

יסוד

| רזל' יעקב |

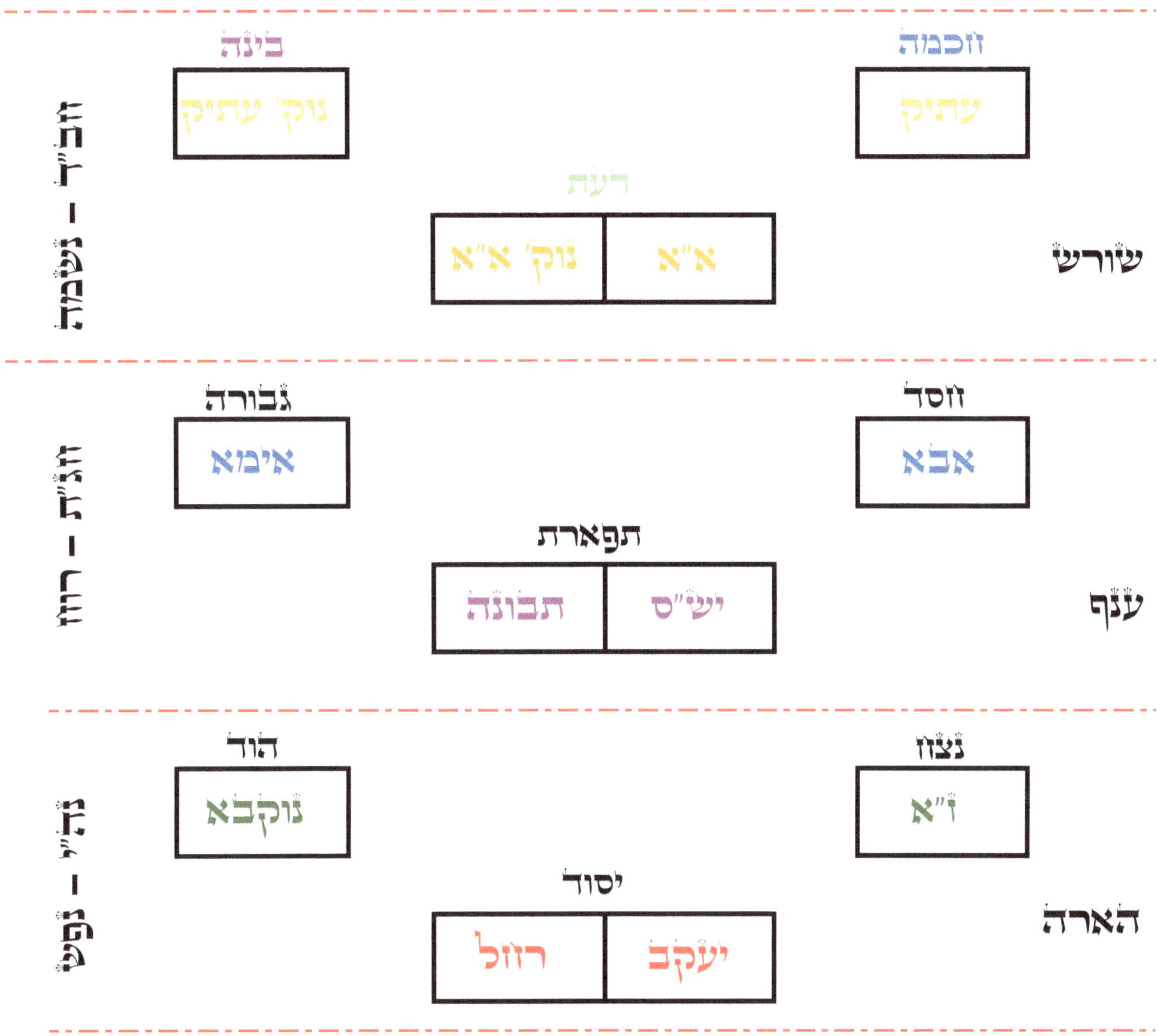

הארה

מ"ח – עשי"ה

ז"א

מלכות עטרת היסוד דז"א

תרשׁימים שׁעׁר א' עׁנׁף ה'

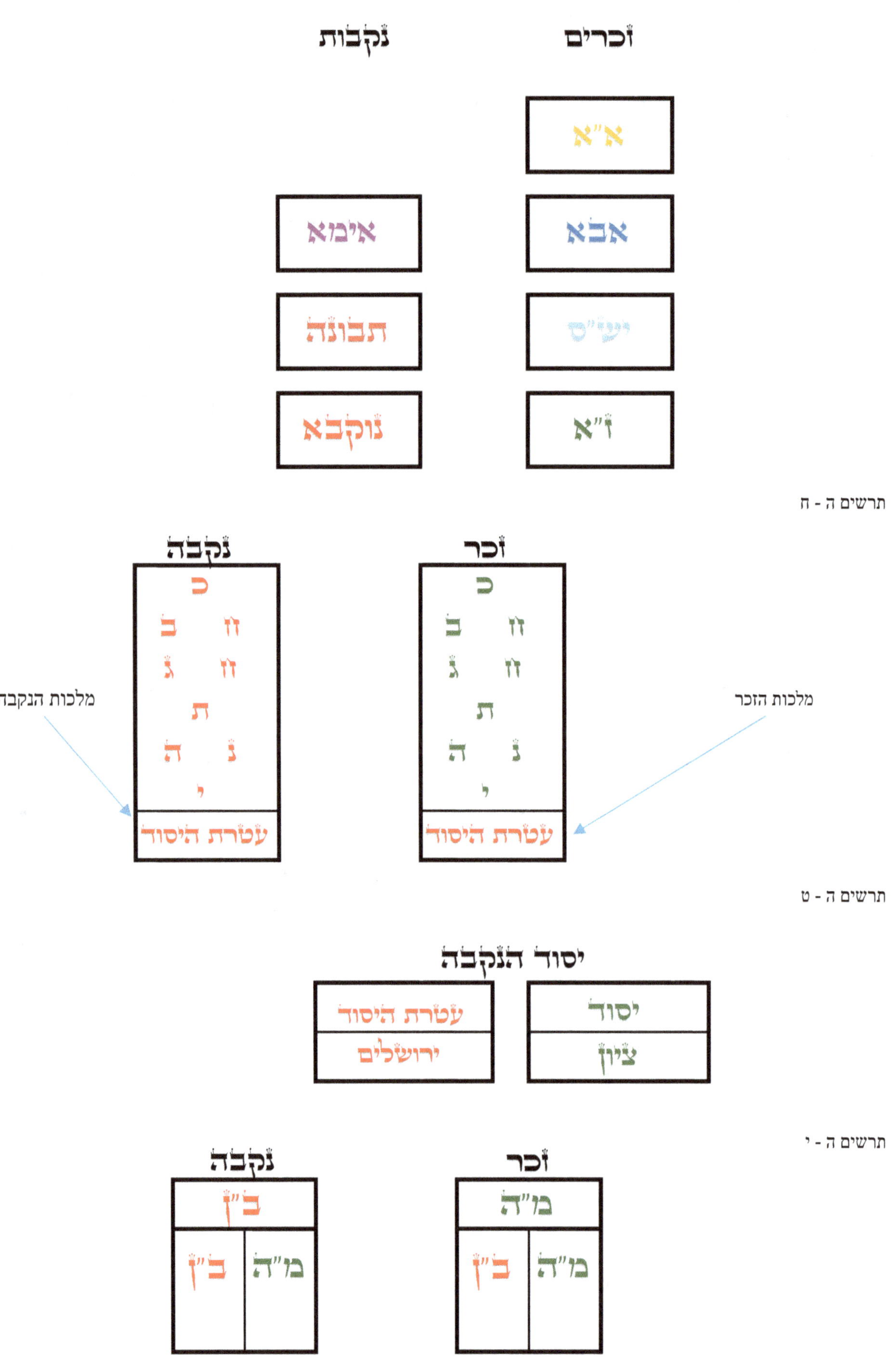

תרשׂימים שער א' ענף ה'

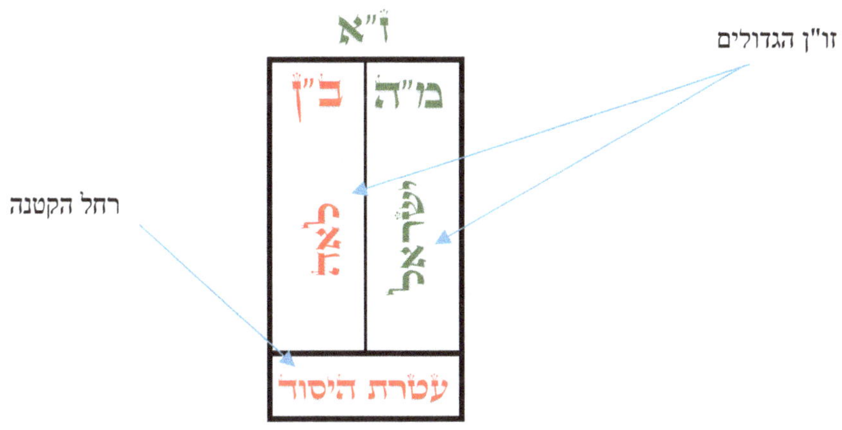

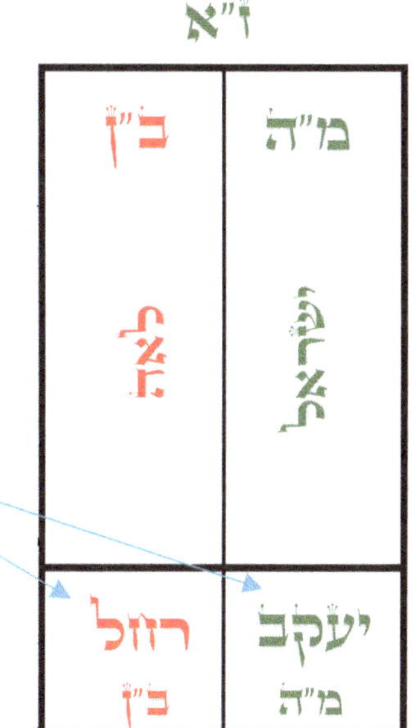

יעקב ורחל הקטנים
הנקראים עטרות דיסוד דז"א
ונקראים מ"ה וב"ן דמלכות דז"א

זו"ן הגדולים

ישראל שהוא הצד דמ"ה דז"א,
נקרא מ"ה וב"ן דמ"ה דז"א

לאה הצד דב"ן דז"א,
נקרא מ"ה וב"ן דמ"ה דב"ן דז"א

יעקב ורחל הקטנים
עטרות היסוד דז"א
שהם מ"ה וב"ן דמלכות דז"א

מחלקים למ"ה וב"ן דמ"ה,
ומ"ה וב"ן דב"ן דמלכות
דז"א

תרשים ה - י"ד

פרצוף ז"א

זו"ן הגדולים	
ישראל	לאה
מ"ה דו"ק	בן דו"ק
בן | מ"ה	מ"ה | בן
עטרות היסוד דז"א – יעקב ורזל הקטנים	
יעקב מ"ה	רזל בן
רזל בן | יעקב מ"ה	רזל בן | יעקב מ"ה

מ"ה וב"ן דמ"ה דו"ק

מ"ה וב"ן דב"ן דו"ק

תרשים ה - ט"ו

פרצוף נוקבא דז"א

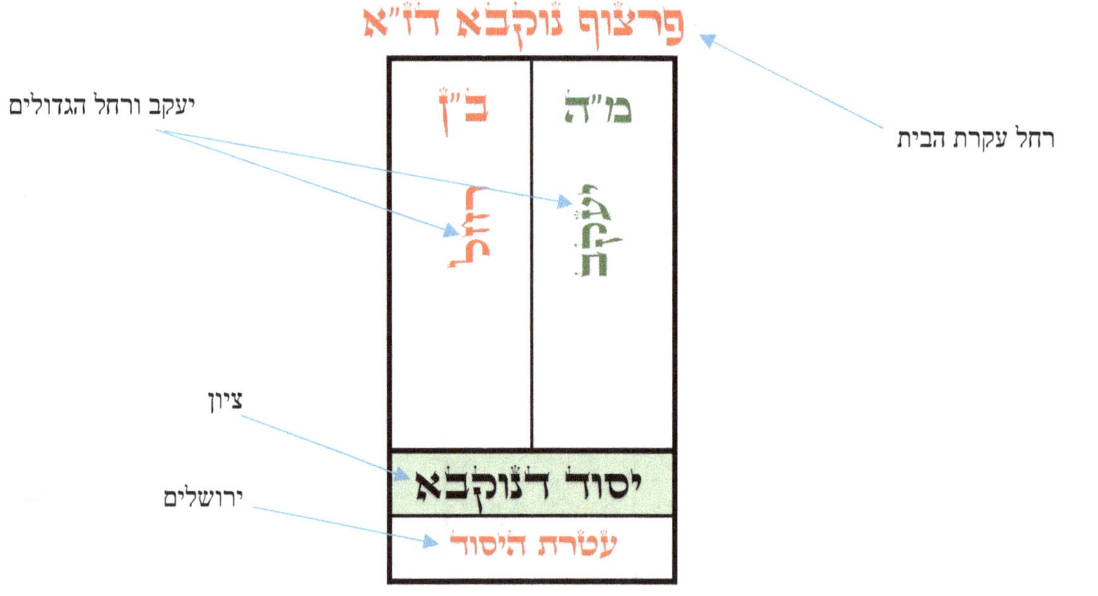

יעקב ורחל הגדולים

רחל עקרת הבית

ציון

ירושלים

תרשׁימים שׁעַר א' ענף ה'

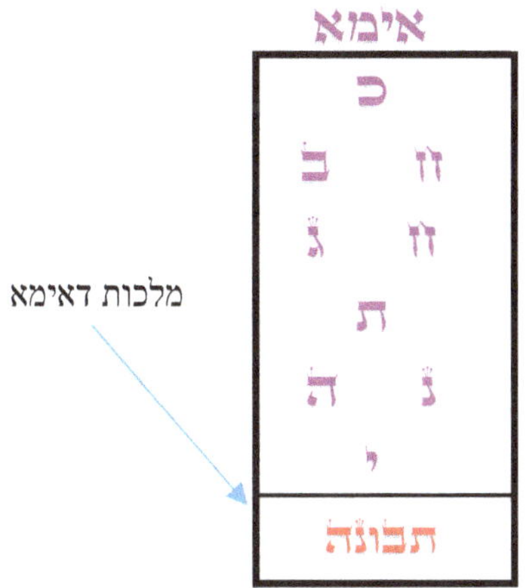

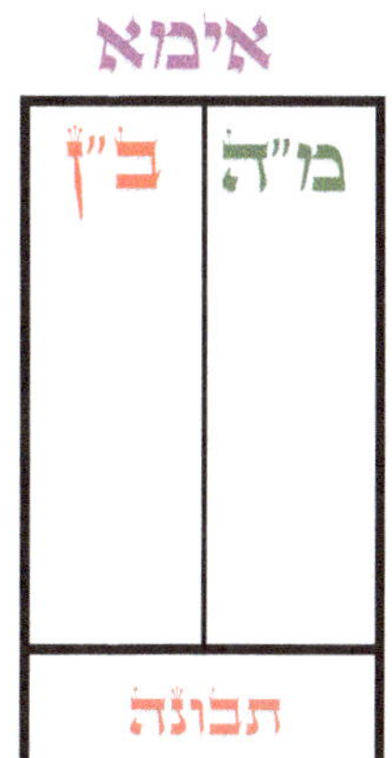

ו"ק דפרצוף ז"א

גבורה
חסד
ג ח
ת
ה נ
י
ג ח
ת
ה נ
י
תפארת
ג ח
ת
ה נ
י
הוד
נצח
ג ח
ת
ה נ
י
ג ח
ת
ה נ
י
יסוד
ג ח
ת
ה נ
י
אלו נקראים בפרטות בפרצוף הכולל כל ו"ק

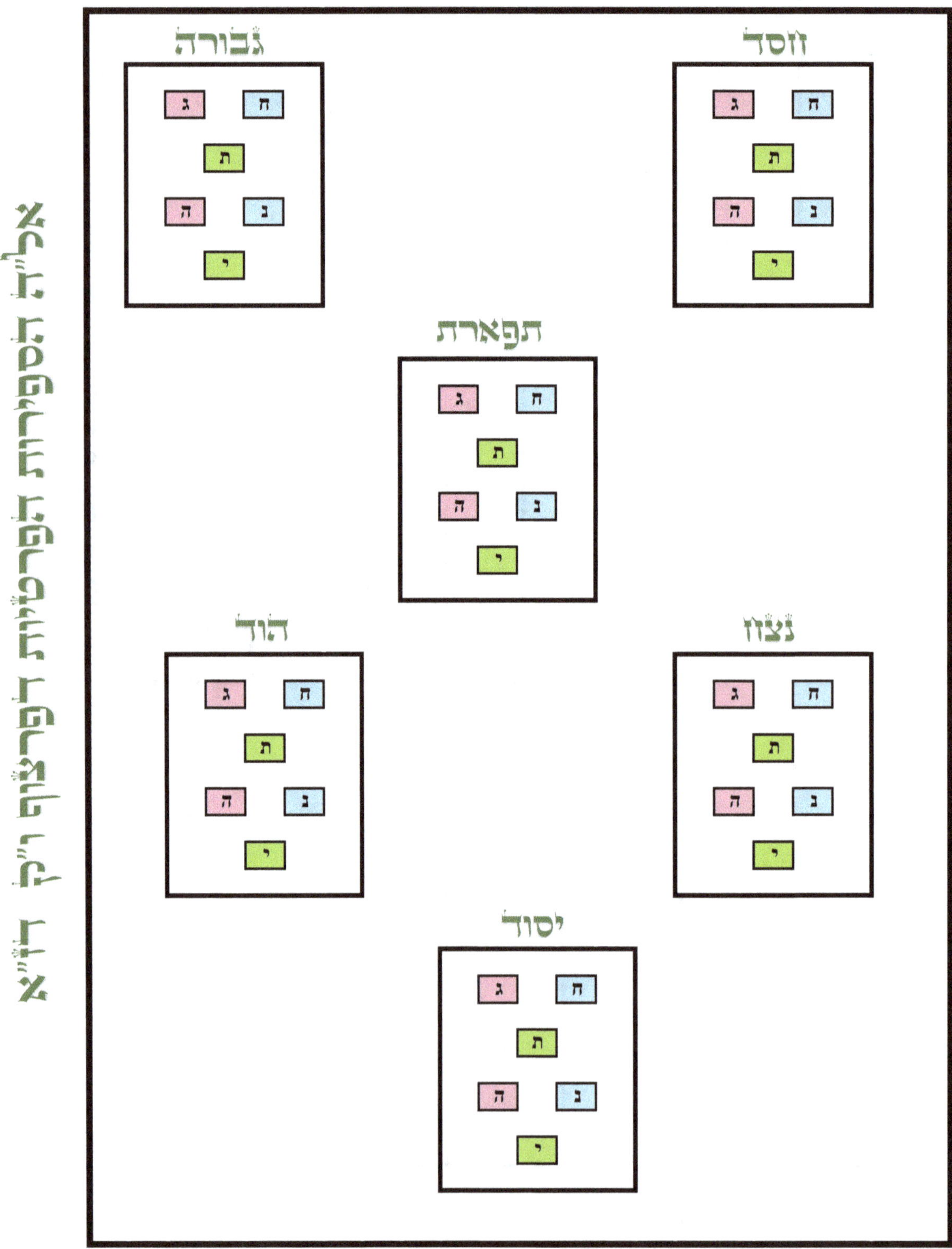

תרשים ה - כ

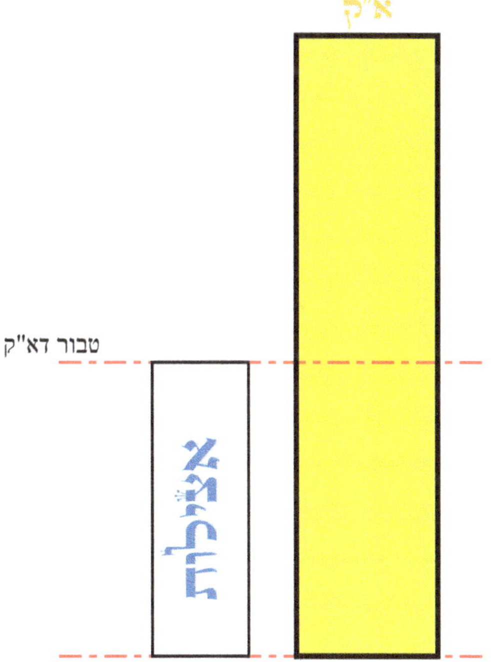

תרשים ה - כ"א

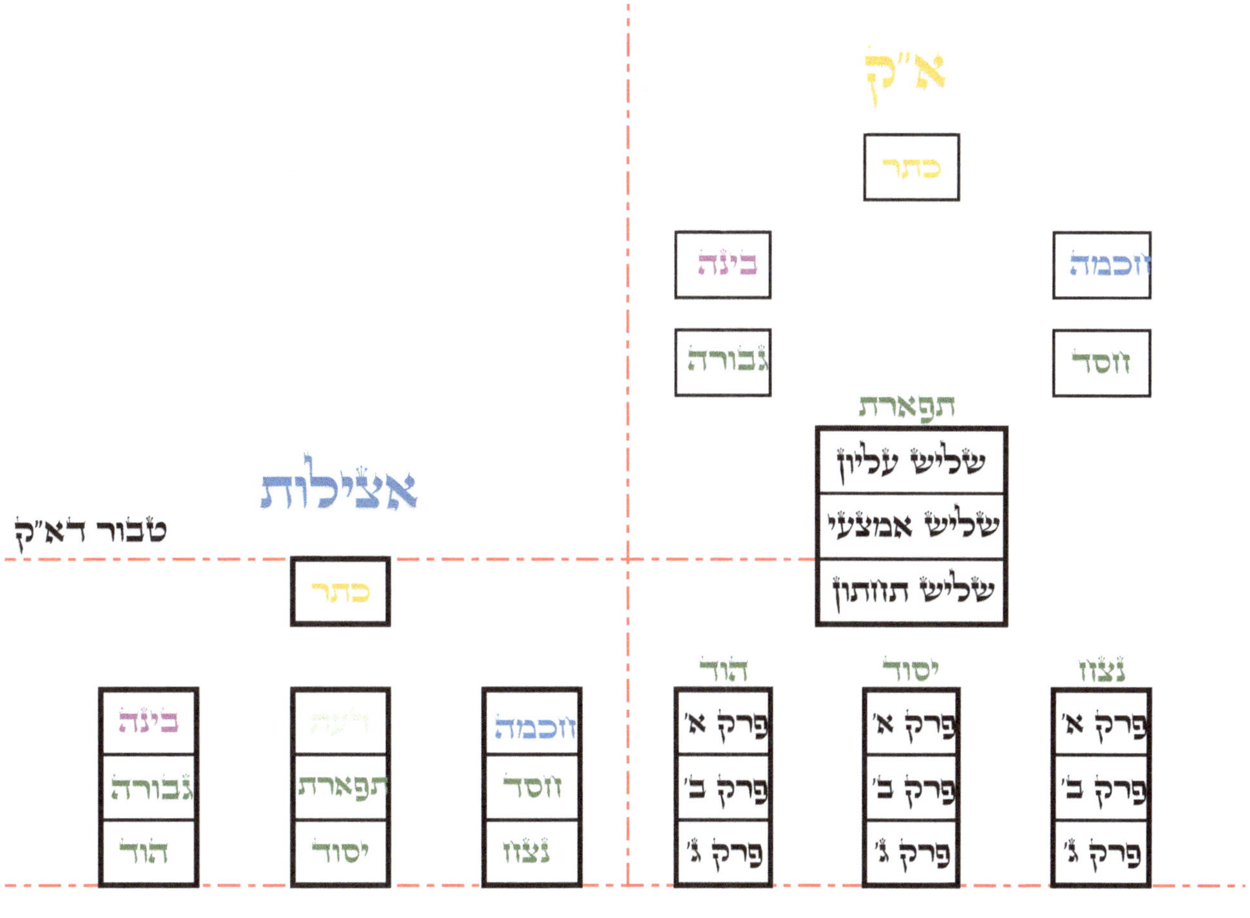

א"ק

עוֹלמוֹת	סְפירוֹת	פַּרצוּפִים	עֲסמ"ב	שֵׁם הֲוָי"ה
אֲצילוּת	חָכְמָה	אַבָּא	ע"ב	י
בְּריאָה	בּינָה	אימָא	ס"ג	ה
יְצירָה	חג"ת נה"י	ז"א	מ"ה	ו
עֲשִׂיה	מלכות	נוּקבָא	בּן	ה

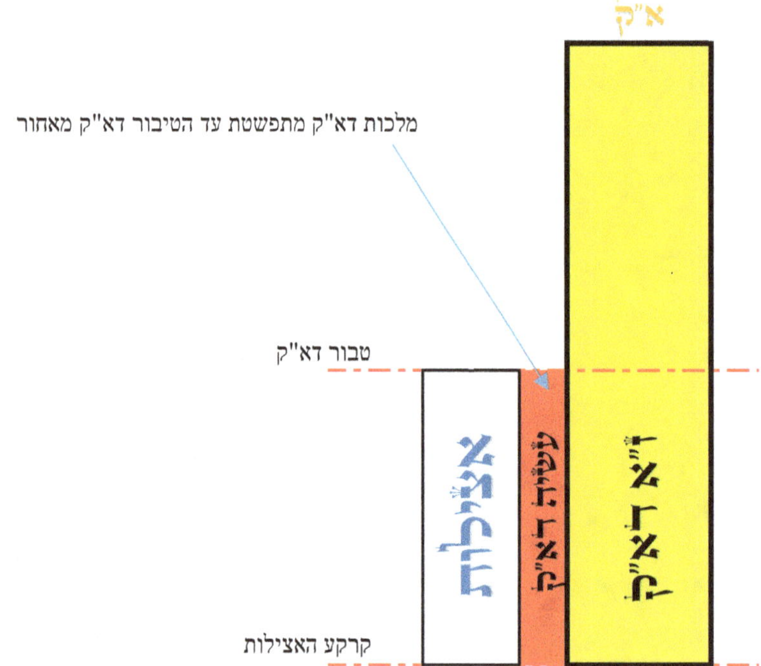

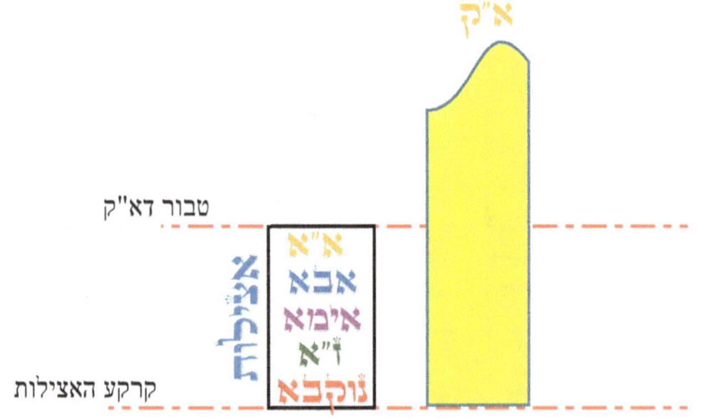

קוץ של יו"ד

קוץ של יו"ד

	סְפִירָה		עוֹלָם
	כתר	י	
	חכמה	י	
י	בינה	ה	א"ק
	זחג"ת נה"י	ו	
	מלכות	ה	
	כתר	י	
	חכמה	י	
י	בינה	ה	אצילות
	זחג"ת נה"י	ו	
	מלכות	ה	
	כתר	י	
	חכמה	י	
ה	בינה	ה	בריאה
	זחג"ת נה"י	ו	
	מלכות	ה	
	כתר	י	
	חכמה	י	
ו	בינה	ה	יצירה
	זחג"ת נה"י	ו	
	מלכות	ה	
	כתר	י	
	חכמה	י	
ה	בינה	ה	עשיה
	זחג"ת נה"י	ו	
	מלכות	ה	

תרשימים שׁער א' ענף ה'

קוץ של יו"ד	
י	א"ק
י	אצילות
ה	בריאה
ו	יצירה
ה	עשיה

קוץ של יו"ד	
י	א""א
י	אבא
ה	אימא
ו	ז"א
ה	נוקבא

קוץ של יו"ד	
י	כתר
י	חכמה
ה	בינה
ו	חג"ת נה"י
ה	מלכות

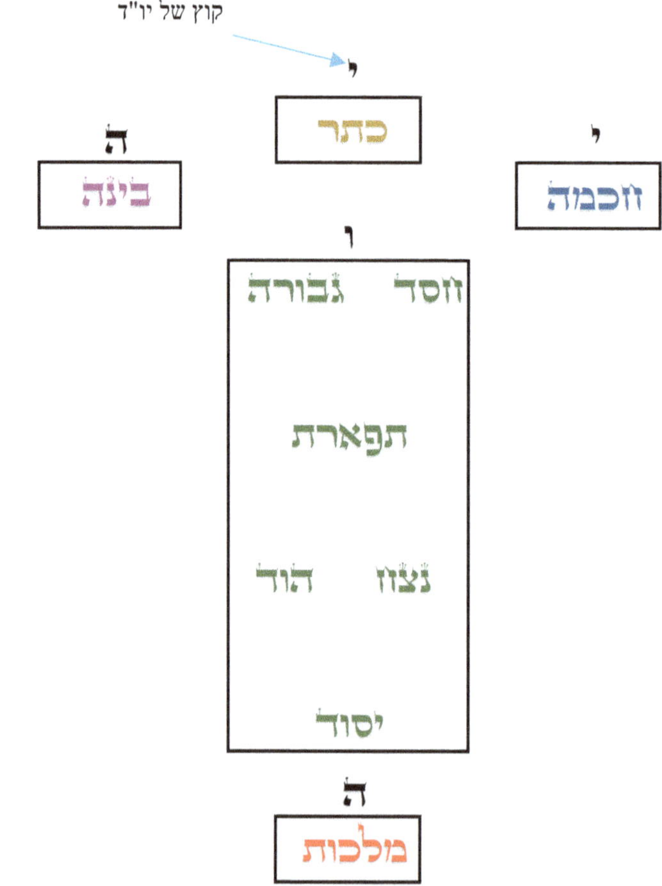

תרשים ה - כ"ט

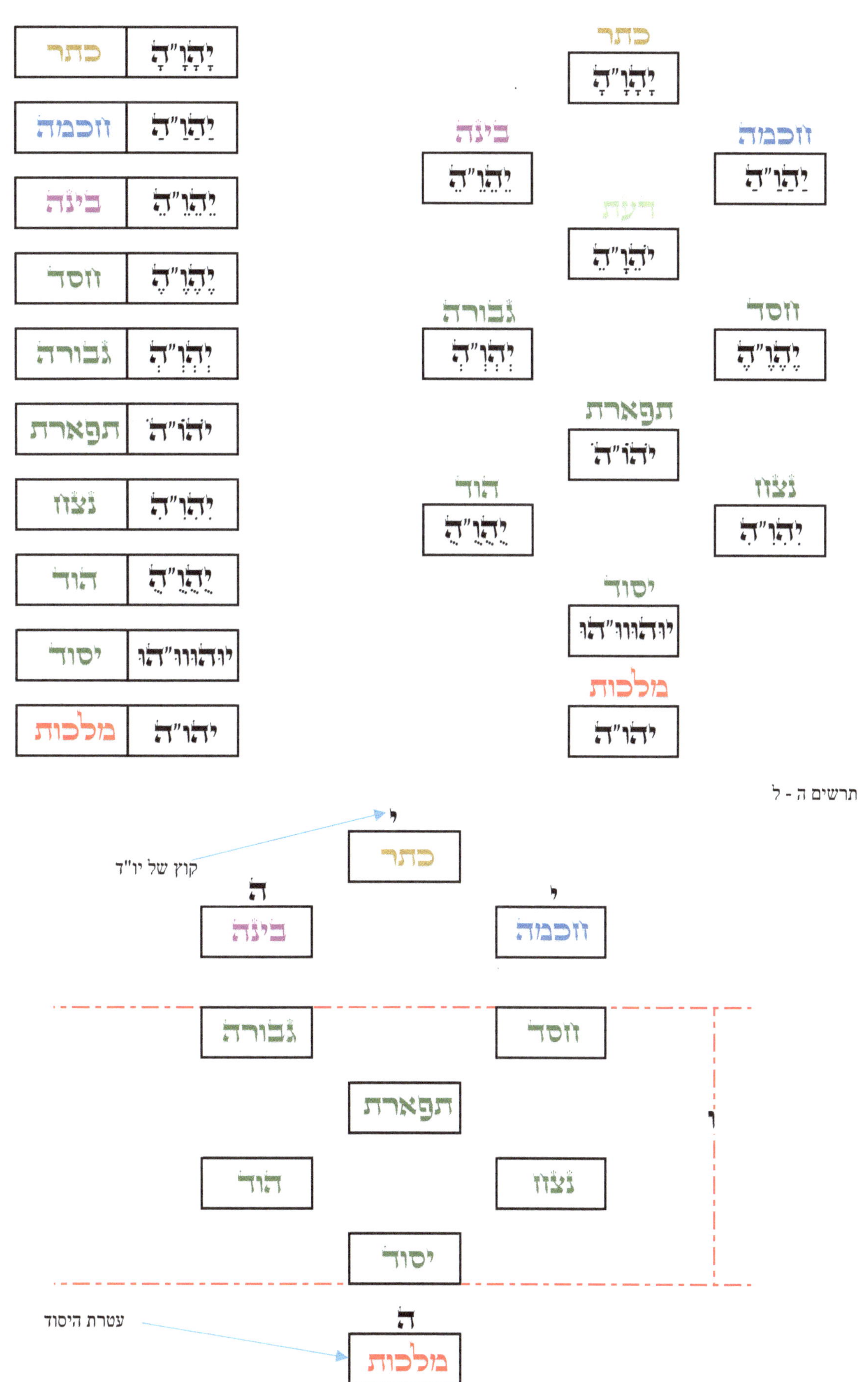

תרשים ה - ל

תרשׁימים שׁעׁר א' ענף ה'

תרשים ה - ל"א

עׁסמׁ"ב	שם	שם הוי"ה
יו"ד ה"י וי"ו ה"י	עׁ"ב	י
יו"ד ה"י וא"ו ה"י	ס"ג	ה
יו"ד ה"א וא"ו ה"א	מ"ה	ו
יו"ד ה"ה ו"ו ה"ה	בּ"ן	ה

תרשים ה - ל"ב

מילוי הוי"ה	שׁם
יו"ד ה"י וי"ו ה"י	עׁ"ב
יו"ד ה"י וי"ו ה"ה	ס"ו
יו"ד ה"י וא"ו ה"י	סׁ"גׁ
יו"ד ה"י ו"ו ה"י	ס"ב
יו"ד ה"י וא"ו ה"ה	נׁ"ז
יו"ד ה"י ו"ו ה"ה	וׁ"ן
יו"ד ה"י ו"ו ה"א	ד"ן
יו"ד ה"ה וא"ו ה"ה	גׁ"ן
יו"ד ה"ה ו"ו ה"ה	בׁ"ן
יו"ד ה"א וא"ו ה"ה	מ"ט
יו"ד ה"א ו"ו ה"ה	מ"ז
יו"ד ה"א וא"ו ה"א	מׁ"הׁ
יו"ד ה"א ו"ו ה"א	מ"ד

תרשים ה - ל"ב

עסמ"ב	ספירות	שם	שם הוי"ה
יו"ד ה"י וי"ו ה"י	חכמה	ע"ב	י
יו"ד ה"י וא"ו ה"י	בינה	ס"ג	ה
יו"ד ה"א וא"ו ה"א	חג"ת נה"י	מ"ה	ו
יו"ד ה"ה ו"ו ה"ה	מלכות	ב"ן	ה

עטרת היסוד

תרשים ה - ל"ג

ספירה

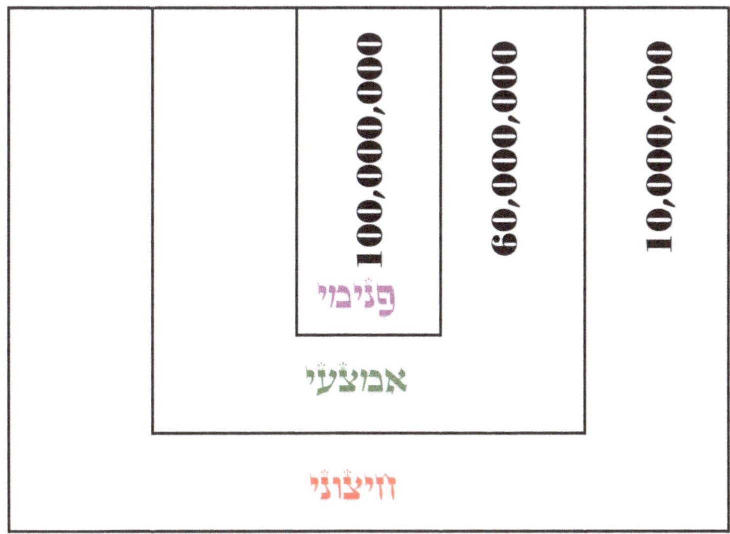

סך הכל

170,000,000

ספירות

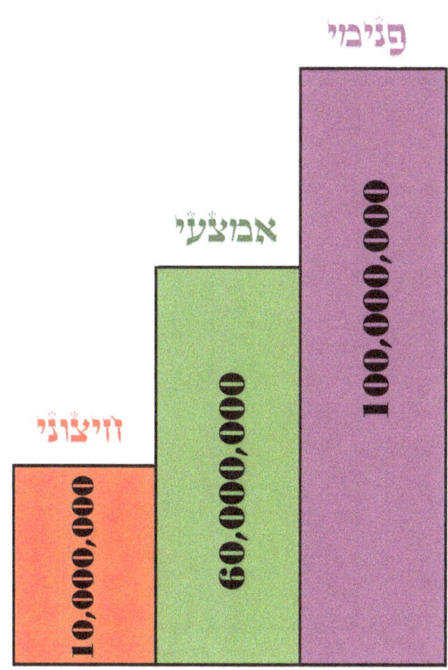

פנימיות א"ק
קו הא"ס
קרקפתא
מצח
טיבור
ע"ב
ס"ג
ס"ג
מ"ה
מ"ה
ב"ן
ב"ן

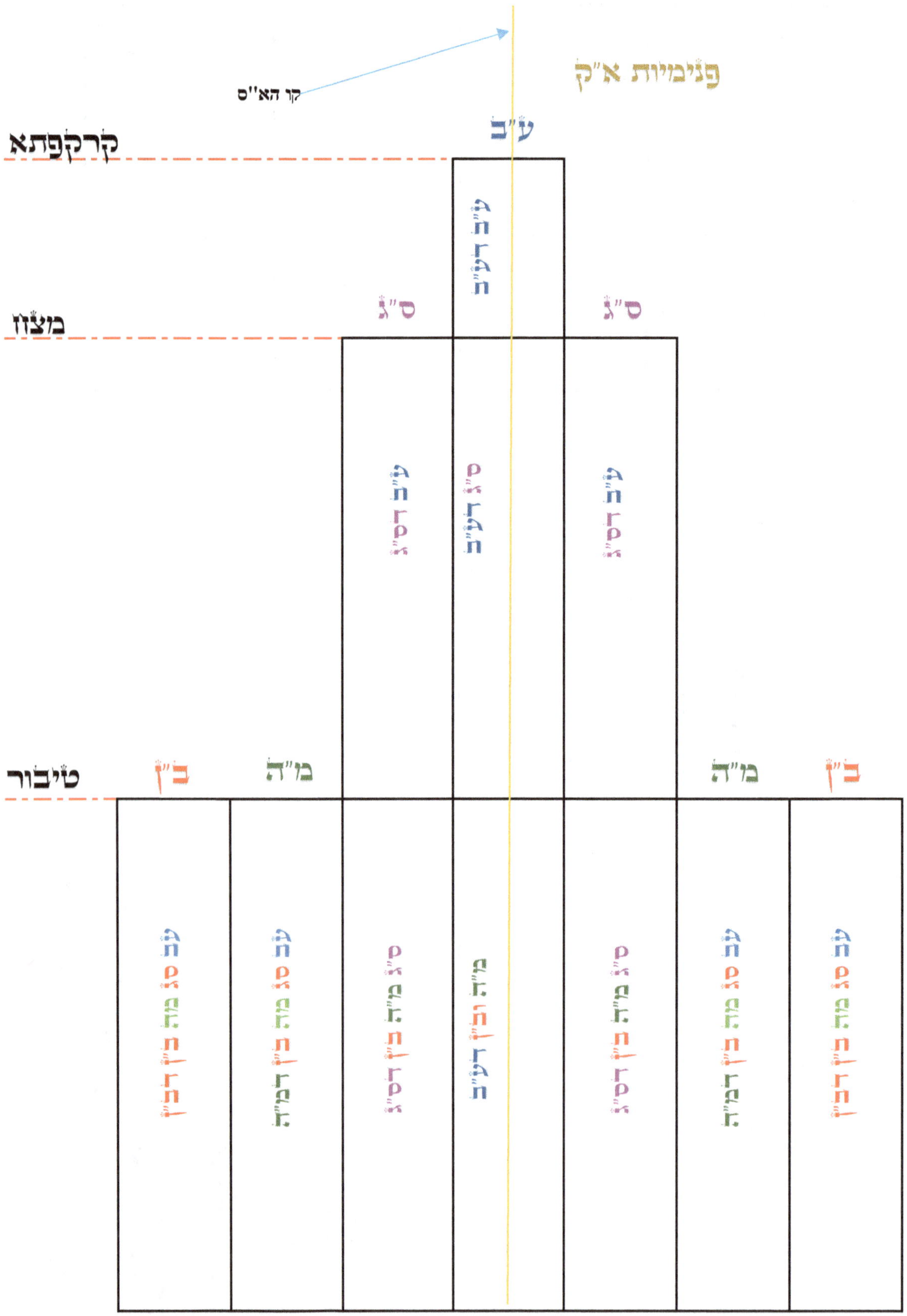

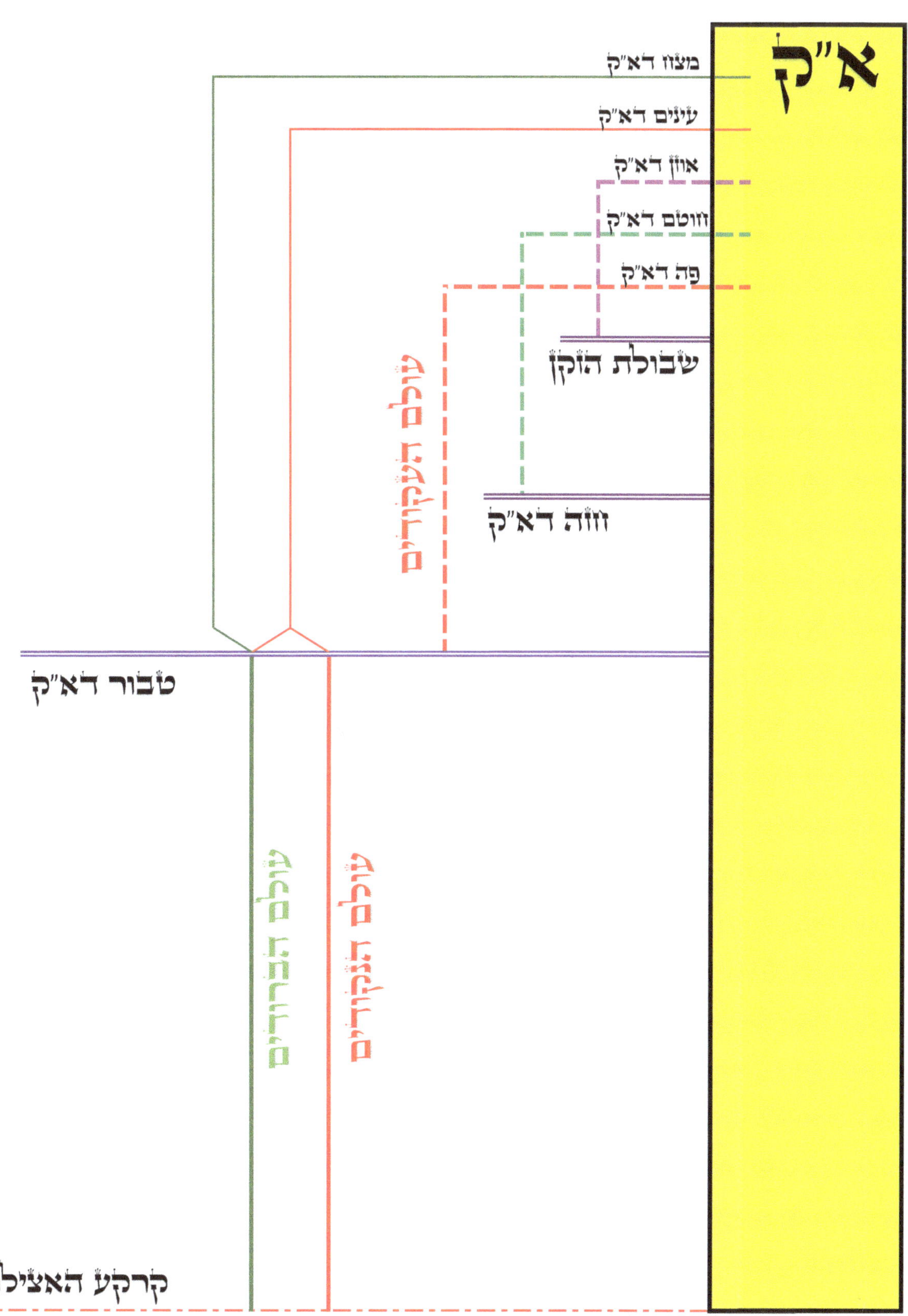
א"ק
מצח דא"ק
עינים דא"ק
אוזן דא"ק
חוטם דא"ק
פה דא"ק
שבולת הזקן
חזה דא"ק
אור מקיפים
טבור דא"ק
אור מקיפים
אור מקיפים
קרקע האצילות
עולמות בי"ע

עולמות
א"ק
אצילות
בריאה
יצירה
עשיה

פרצופים
עתיק
א"א
אבא
אימא
ז"א
נוקבא

תרשימים שער א' ענף ה'

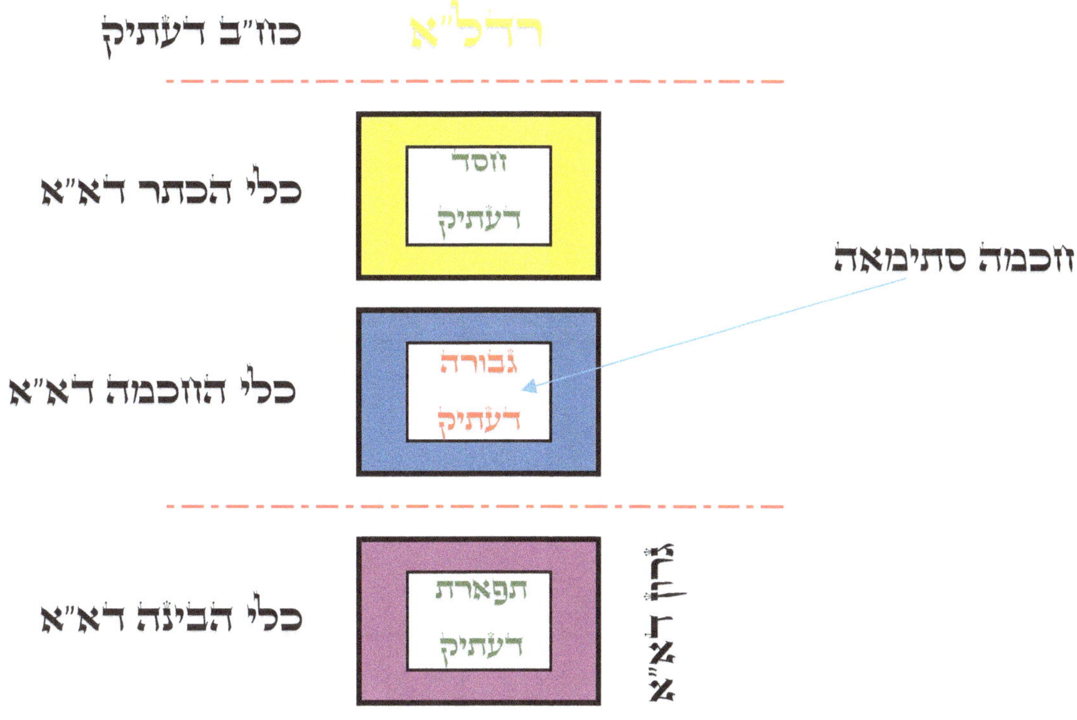

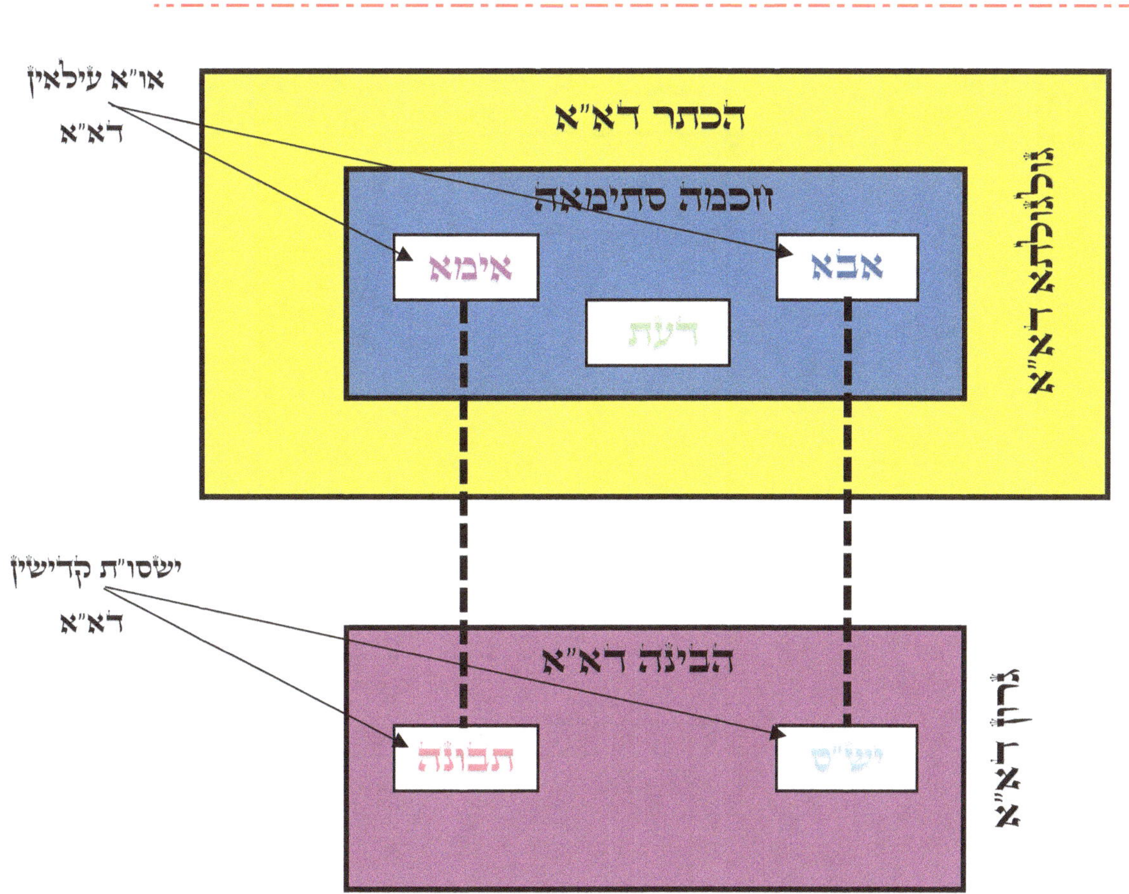

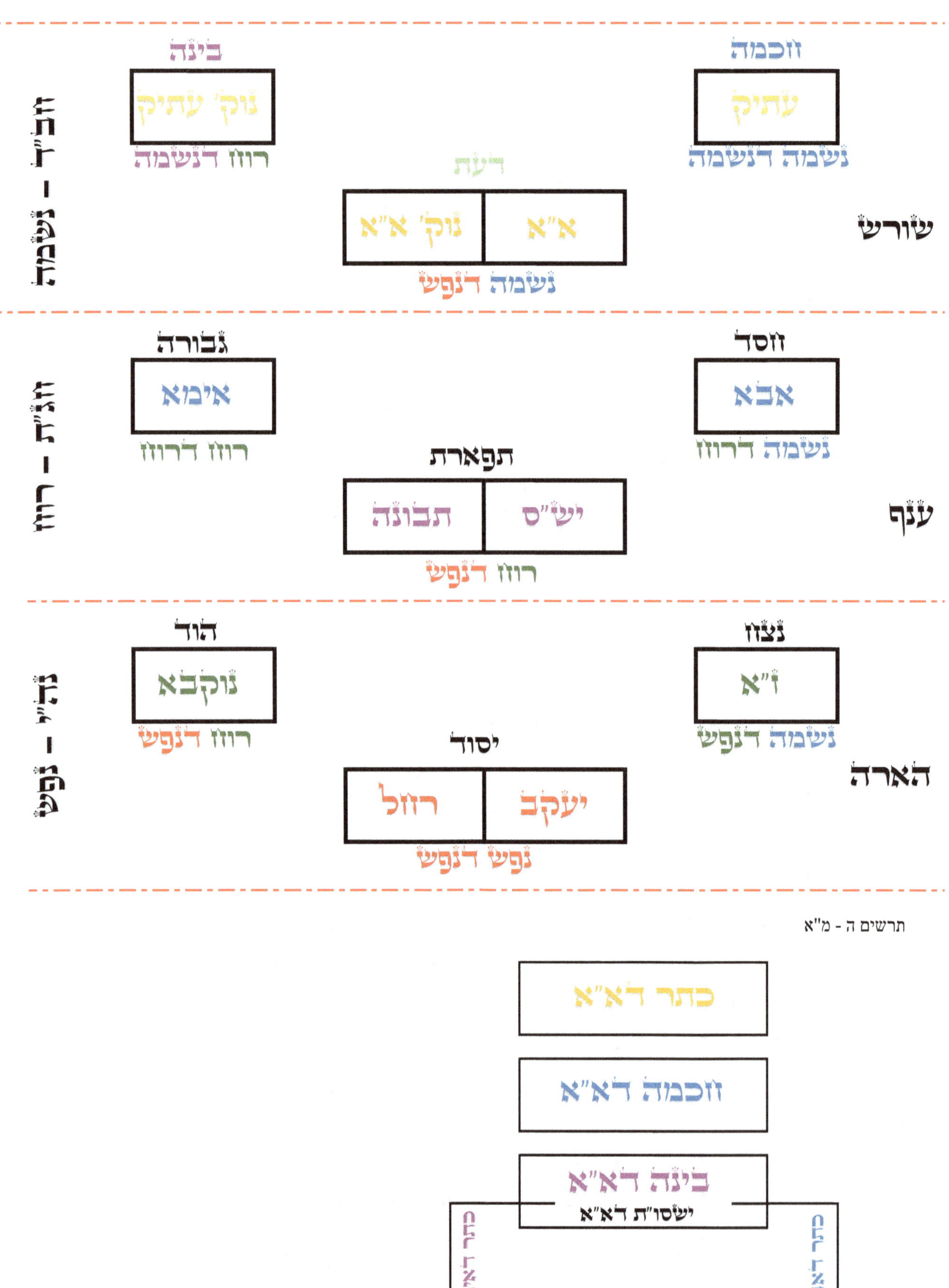
מתר – עצמו
חו"ב – רוח
נ"ה – נפש

בינה
נוק' עתיק
רוח דנשמה
זזכמה
עתיק
נשמה דנשמה
שׁורשׁ
דעת
נוק' א"א
א"א
נשׁמה דנפשׁ

גבורה
אימא
רוח דרוח
חזסד
אבא
נשׁמה דרוח
ענף
תפארת
יש"ס תבונה
רוח דנפשׁ

הוד
נוקבא
רוח דנפשׁ
נצח
ז"א
נשׁמה דנפשׁ
הארה
יסוד
יעקב רחל
נפשׁ דנפשׁ

כתר דא"א
זזכמה דא"א
בינה דא"א
ישׁסו"ת דא"א
נצח ואמא
נצח ואבא

פרצׁוף א"א

כתר דא"א
וזכמה דא"א
בׁינה דא"א
כתף דא"א
כתר
אבׁא
כתר
אמׁא
וזוׁה דא"א
וזוׁה דא"א
טׁבור דא"א

ז"א
לאה קשר של תפילין
לאה
וזוׁה דו"א
רחל
רחל עקרת הבית

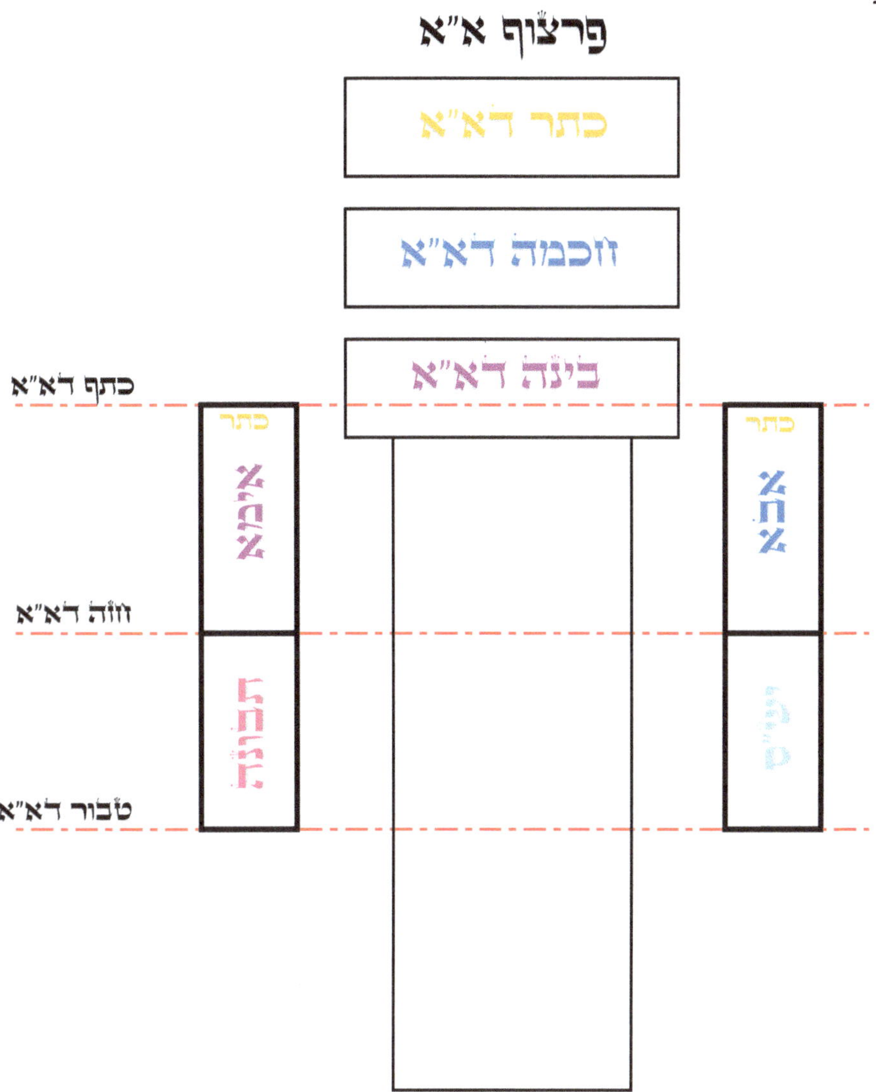

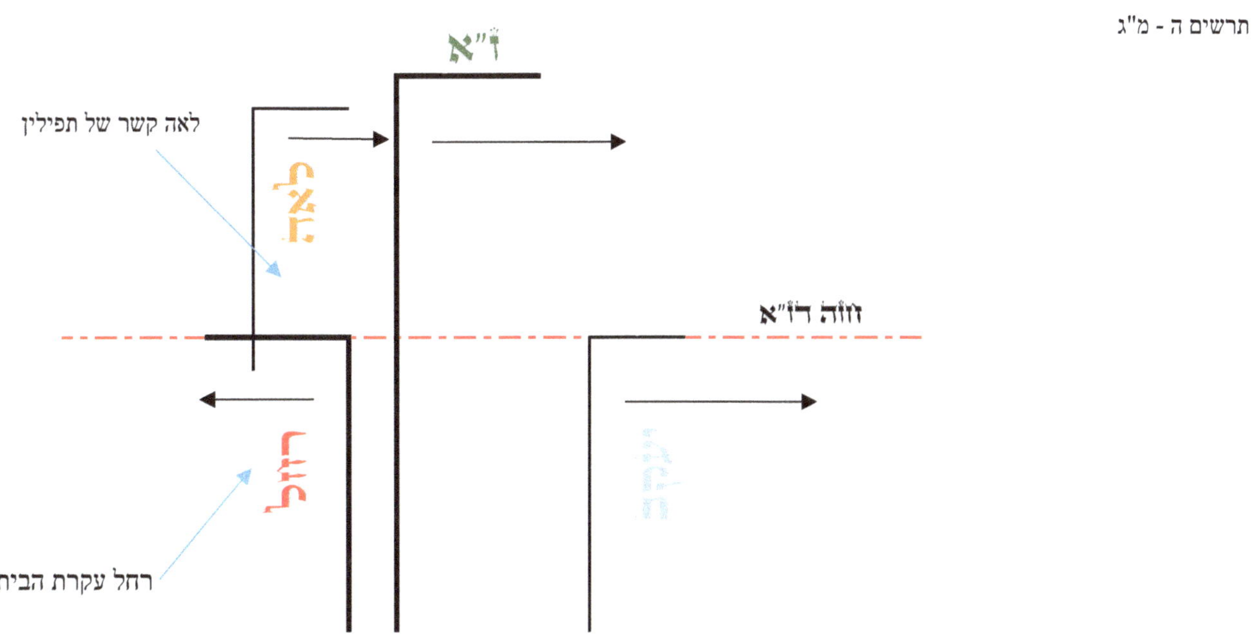

תרשימים שער א' ענף ה'

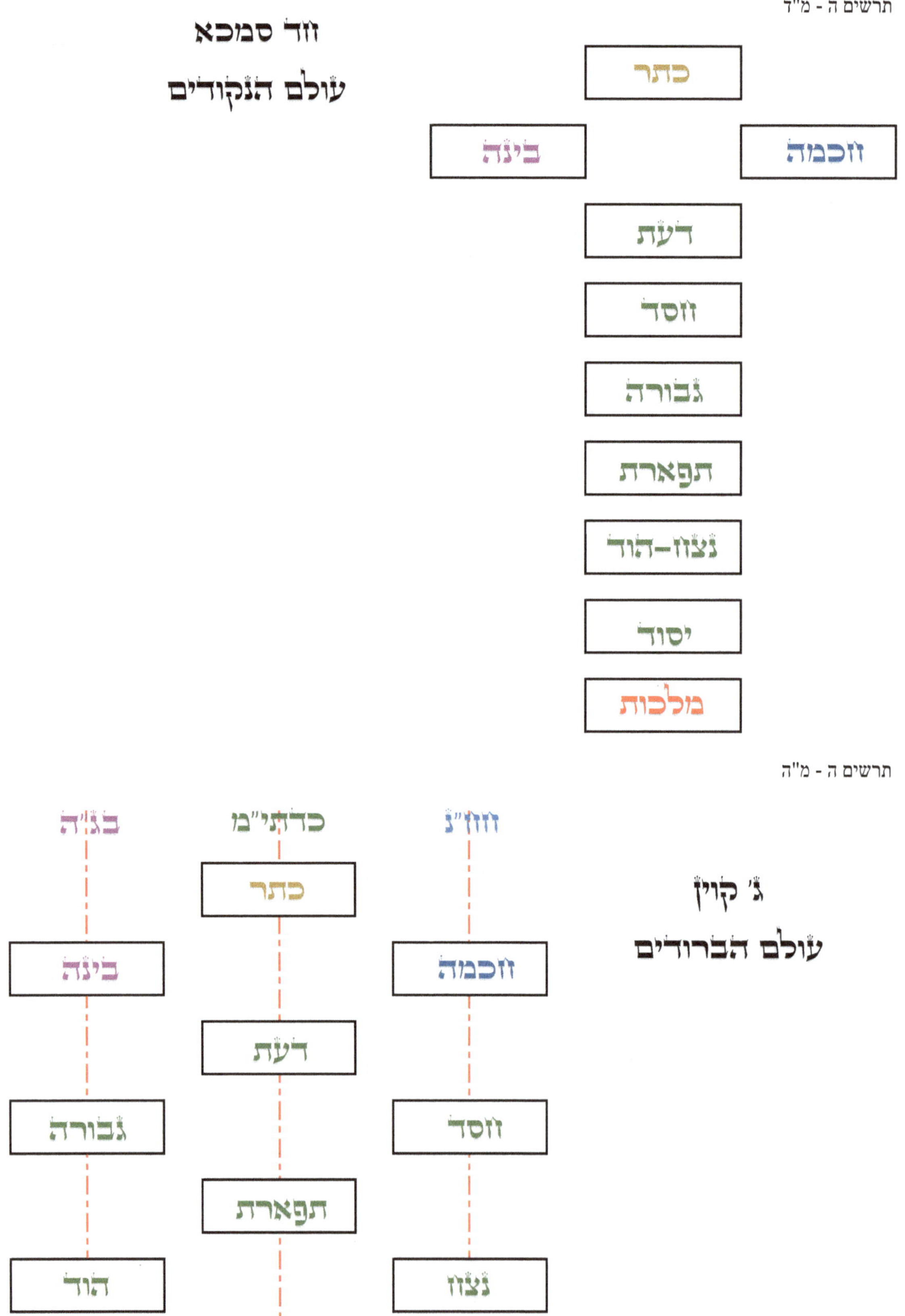

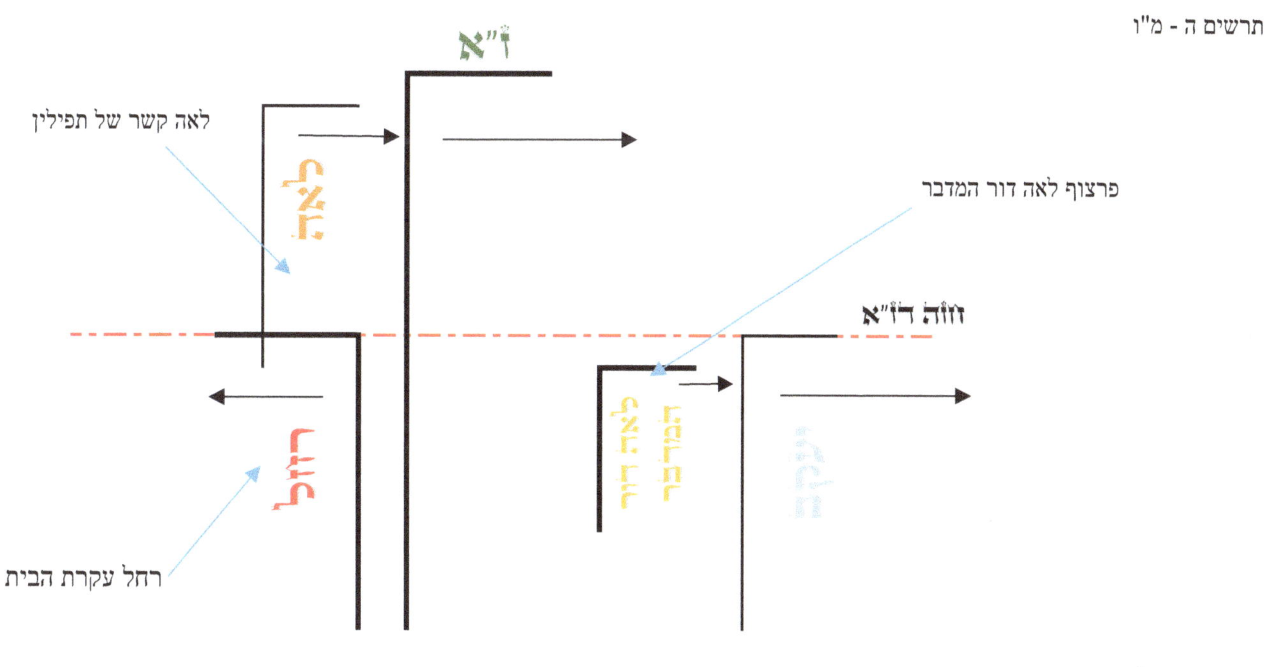
ז"א
לאה קשר של תפילין
לאה
פרצוף לאה דור המדבר
זזוה דז"א
רחל
לאה קשר של תפילין
רחל
רחל עקרת הבית

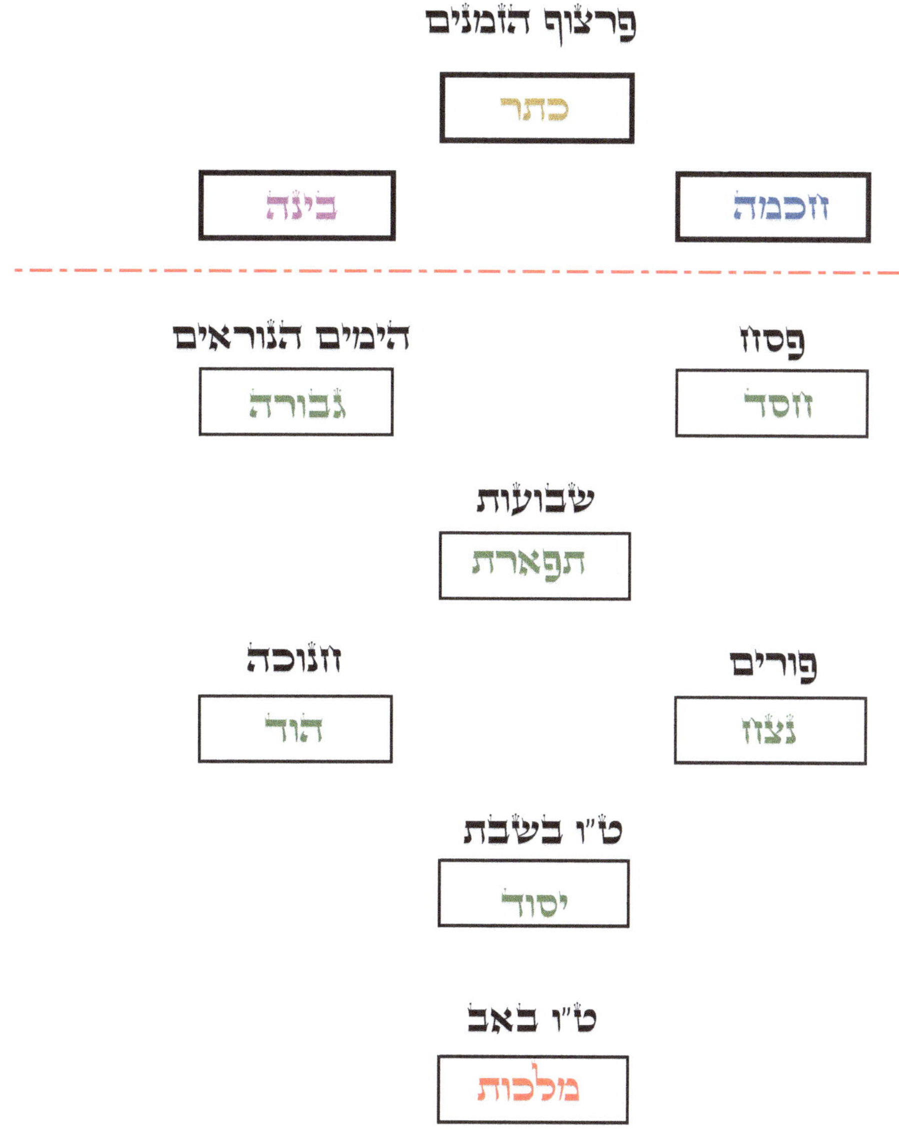
פרצוף הזמנים
כתר
בינה   חכמה
הימים הנוראים   פסח
גבורה   חסד
שבועות
תפארת
חנוכה   פורים
הוד   נצח
ט"ו בשבט
יסוד
ט"ו באב
מלכות

תרשימים שׁעׁר א' עׁנף ה'

פרצוף הימים

יום בׁשׁבוע

א' חסד	ב' גבורה	ג' תפארת	ד' נצח	ה' הוד	ו' יסוד	ז' מלכות

יום בׁחודשׁ

ראשׁ חודשׁ
ל-א א"א

ב' אבא	ט' אימא	ט"ז ז"א	כ"ג נוקבא
ג' אבא	י' אימא	י"ז ז"א	כ"ד נוקבא
ד' אבא	י"א אימא	י"ח ז"א	כ"ה נוקבא
ה' אבא	י"ב אימא	י"ט ז"א	כ"ו נוקבא
ו' אבא	י"ג אימא	כ' ז"א	כ"ז נוקבא
ז' אבא	י"ד אימא	כ"א ז"א	כ"ח נוקבא
ח' אבא	ט"ו אימא	כ"ב ז"א	כ"ט נוקבא

חזורף

תשׁרי – חסד
חשׁון – גבורה
כסלו – תפארת
טבת – נצח
שׁבט – הוד
אדר – יסוד

ז"א

מ"ה דמ"ה ומ"ה דב"ן

הימים הנׁוראים

אדר ב' כללות כל החודשׁים

קׁיׁץ

ניסן – חסד
אייר – גבורה
סיון – תפארת
תמוז – נצח
אב – הוד
אלול – יסוד

דׁנׁוקׁבׁא

בׁ"ן דמ"ה ובׁ"ן דב"ן

האלף

א – חסד
ב – גבורה
ג – תפארת
ד – נצח
ה – הוד
ו – יסוד

המאה

א – ---
ב – בינה
ג – דעת
ד – חסד
ה – גבורה
ו – תפארת
ז – נצח
חז – הוד
ט – יסוד
י – מלכות

העשׂור

א – ---
ב – בינה
ג – דעת
ד – חסד
ה – גבורה
ו – תפארת
ז – נצח
חז – הוד
ט – יסוד
י – מלכות

השׁנה

א – חכמה
ב – בינה
ג – דעת
ד – חסד
ה – גבורה
ו – תפארת
ז – נצח
חז – הוד
ט – יסוד
י – מלכות

סדר תפלת ראש חדש

לִפְדְיוֹן נַפְשֵׁנוּ. כִּי בְעַמְּךָ יִשְׂרָאֵל בָּחַרְתָּ מִכָּל
הָאֻמּוֹת. וְחֻקֵּי רָאשֵׁי חֳדָשִׁים לָהֶם קָבַעְתָּ:
בָּרוּךְ אַתָּה יוהווהדני יאהדונהי ‏•

יכוין לצירוף אותו החודש:

ניסן	חסד	גולגלתא דנוק'	יְהֹוָה אֶהְיֶה	ישמחו השמים ותגל הארץ
אייר	גבורה	און ימין דנוק'	יְהֹוַה אֲהָיֶה	יתהלל המתהלל השכל וידוע
סיון	מ"מ	און שמאל דנוק'	יְוֹהַה אִיהֶה	ידותיו ולצלע המשכן השנית
תמוז	נצח	עין ימין דנוק'	הֵוְהִי הֵיֵהֵא	זה איננו שוה לי
אב	הוד	עין שמאל דנוק'	הֵוְיֶה הֵיֵהֵא	הסכת ושמע ישראל היום
אלול	יסוד	חוטמא דנוק'	הֵוֹהֵנִי הֵוֹהֵיֵא	וצדקה תהיה לנו כי
תשרי	חסד	גולגלתא דז"א	וֵהְיֶה יֵהָאֵה	וייראו אותה שרי פרעה
חשון	גבורה	און ימין דז"א	וֵהְיִי יֵהֵתָא	ודבש היום הזה יהוה
כסלו	ת"ת	און שמאל דז"א	וֵיְהֶה יָאֵהֶה	וירא יושב הארץ הכנעני
טבת	נצח	עין ימין דז"א	הֵיְהוֹן הָאֵהוּי	ליהוה אתי ונרוממה שמו
שבט	הוד	עין שמאל דז"א	הָיְוֹהוּ הָאִיהוּ	המר ימירנו והיה הוא
אדר	יסוד	חוטמא דז"א	הֵהִין הֵהָאֵי	עירה ולשורקה בני אתונו

אדר ב' סוד הפה דדכורא, ויכוין בכללות כולם יחד י"ב צירופי הוי"ה ואהי"ה:

אלול	אב	תמוז	סיון	אייר	ניסן
הוהני הוהיא	הויה היאה	הוהי היהא	יוהה איהה	יהוה אהיה	יהוה אהיה

אדר	שבט	טבת	כסלו	חשון	תשרי
ההין ההאי	היוהו האיהו	היהון האהוי	ויהה יאהה	והיי יהתא	והיה יהאה

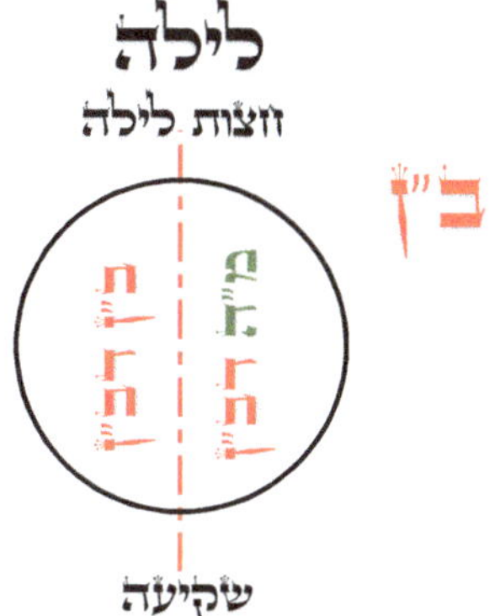

תרשים ה - נ"א

יום

זריחה עד חצות היום		מחצות היום עד השקיעה	
שעה ראשונה	חסד יהו"ה	שעה שביעית	חסד והי"ה
שעה שניה	גבורה יהה"ו	שעה שמינית	גבורה והה"י
שעה שלישית	ת"ת יוה"ה	שעה תשיעית	ת"ת ויה"ה
שעה רביעית	נצח ההי"ו	שעה עשירית	נצח הוי"ה
שעה חמישית	הוד ההו"י	שעה י"א	הוד היה"ו
שעה שישית	יסוד היו"ה	שעה י"ב	יסוד הוה"י
דמ"ה דמ"ה		דמ"ה דב"ן	

לילה

מהשקיעה עד חצות הלילה		חצות הלילה עד הזריחה	
שעה ראשונה	חסד והי"ה	שעה שביעית	חסד ההי"ו
שעה שניה	גבורה והה"י	שעה שמינית	גבורה ההו"י
שעה שלישית	ת"ת ויה"ה	שעה תשיעית	ת"ת היו"ה
שעה רביעית	נצח והי"ה	שעה עשירית	נצח יהו"ה
שעה חמישית	הוד והה"י	שעה י"א	הוד יהה"ו
שעה שישית	יסוד ויה"ה	שעה י"ב	יסוד יוה"ה
דב"ן דב"ן		דב"ן דמ"ה	

תרשים ה - נ"ב

שעה

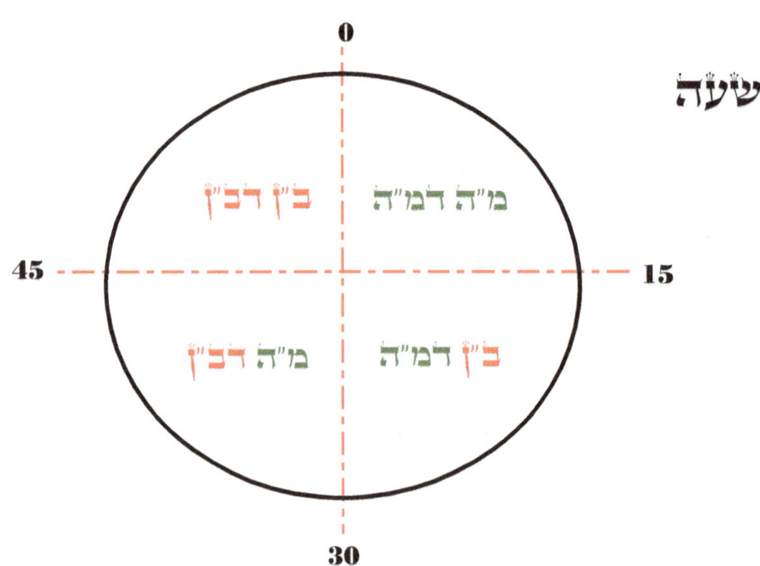

תרשים ה - נ"ג

עובי

א"א	אבא	אימא	ז"א	נוקבא
ע"ב	ע"ב	ע"ב	ע"ב	ע"ב
ס"ג	ס"ג	ס"ג	ס"ג	ס"ג
מ"ה	מ"ה	מ"ה	מ"ה	מ"ה
ב"ן	ב"ן	ב"ן	ב"ן	ב"ן

אורך

א"א
ע"ב
ס"ג
מ"ה
ב"ן

אבא
ע"ב
ס"ג
מ"ה
ב"ן

אימא
ע"ב
ס"ג
מ"ה
ב"ן

ז"א
ע"ב
ס"ג
מ"ה
ב"ן

נוקבא
ע"ב
ס"ג
מ"ה
ב"ן

תרשימים שער א' ענף ה'

תרשים ה - נ"ה

עובי

פנימי	אמצעי	חיצון
ע"ב	ע"ב	ע"ב
ס"ג	ס"ג	ס"ג
מ"ה	מ"ה	מ"ה
ב"ן	ב"ן	ב"ן

תרשים ה - נ"ו

אורך

פנימי
ע"ב
ס"ג
מ"ה
ב"ן

אמצעי
ע"ב
ס"ג
מ"ה
ב"ן

חיצון
ע"ב
ס"ג
מ"ה
ב"ן